Die Seele der Zukunft

AF201317

FSC
www.fsc.org

MIX

Papier aus ver-
antwortungsvollen
Quellen
Paper from
responsible sources

FSC® C105338

Holger Niederhausen

Die Seele der Zukunft

Das Menschenwesen hat eine tiefe Sehnsucht nach dem Schönen, Wahren und Guten. Diese kann von vielem anderen verschüttet worden sein, aber sie ist da. Und seine andere Sehnsucht ist, auch die eigene Seele zu einer Trägerin dessen zu entwickeln, wonach sich das Menschenwesen so sehnt. Diese zweifache Sehnsucht wollen meine Bücher berühren, wieder bewusst machen, und dazu beitragen, dass sie stark und lebendig werden kann. Was die Seele empfindet und wirklich erstrebt, das ist ihr Wesen. Der Mensch kann ihr Wesen in etwas unendlich Schönes verwandeln, wenn er beginnt, seiner tiefsten Sehnsucht wahrhaftig zu folgen...

1. Auflage März 2019

© Holger Niederhausen · Alle Rechte vorbehalten
Umschlagabbildung: Julza / Shutterstock.com, verändert
Herstellung und Verlag:
BoD – Books on Demand, Norderstedt
ISBN 978-3-7494-3119-9

INHALT

Die Seele der Zukunft... Der Titel dieses Buches hat eine zweifache Bedeutung. Zukunft – das klingt so modern... Aber so ist es nicht gemeint. Die Moderne erschlägt uns. Wird die Zukunft überhaupt noch eine Seele haben? Es hängt ganz von den Menschen ab. Nur wir Menschen können der Zukunft eine *Seele* einhauchen. Aber dafür müssen wir *unsere* Seele retten – die schon so verloren ist.

Die zweifache Bedeutung ist: Welche Seele wird der Mensch in die Zukunft tragen können? Wird er seine Seele bewahren? Wird er sie heiligen können? Wird er in Zukunft wirklich eine *Seele* haben? Eine Seele, die diesen Namen wahrhaft verdient? Die Seele der Zukunft...

Und was wird die Zukunft selbst für eine Seele haben? *Wird* sie eine Seele haben? Sie wird es nur, wenn der Mensch ihr eine Seele gibt. Sonst wird die Zukunft seelenlos sein – wie der Mensch. Wenn aber der Mensch in Zukunft eine Seele haben wird, wird er diese Seele auch der Zukunft selbst einhauchen – und dann wird die Zukunft nicht unmenschlich und seelenlos sein, sondern sie wird eine *Seele* haben. Die Seele der Zukunft...

Dieses Buch will jeden Menschen erreichen. Es soll also kein theoretisches, abstraktes, intellektuelles Buch sein. Aber wie erreicht man die Menschen? Das ist schon immer meine Frage gewesen. Wie erreicht man die älteren Menschen? Die Jüngeren? Die Interessen sind doch *so* verschieden! Und schon die Sprache. Und sogar das Medium. Immer weniger Menschen lesen überhaupt noch!

Und doch gibt es ein Verbindendes. Jeder Mensch hat eine Seele. Aber selbst darüber gibt es keine Einigkeit! Und doch sind uns allen seelische Grundtatsachen gemeinsam: Jeder Mensch hat ein Bedürfnis nach Anerkennung, nach einem Erkanntwerden als der, der er ist. Jeder Mensch hat ein Bedürfnis nach Wärme, nach Liebe. Hier wäre ein Verbindendes, hier könnten wir alle eine Brücke zueinander finden... Auch hat jeder Mensch ein Bedürfnis nach Schönheit, sei es in einer unberührten Natur, sei es in Gestalt eines anderen Menschen, in Kunstwerken, in seiner Wohnung, seiner Umgebung. Es gibt so viele seelische Bedürfnisse, die uns allen gemeinsam sind! Und ein Bedürfnis – was ist das? Es ist etwas, was der Seele tief notwendig ist – wie dem Körper die Luft zum Atmen.

Hier wäre eine Brücke – eine Brücke von Mensch zu Mensch. Wir könnten so leicht Brücken zueinander schlagen, alle Menschen!

Aber zuerst braucht dieses *Buch* eine Brücke zu seinen Lesern. Und jeder Leser ist ein einzelner Mensch – mit eigenen Interessen, eigenem Geschmack, eigenen Urteilen. Auch dieses Buch muss sich dem Leser ,verkaufen', wenn es nicht sogleich weggelegt werden will. Es ist ein Kampf um die Zuneigung des Lesers, der Leserin – und oft entscheidet sich diese schon während der ersten Zeilen, der ersten Minuten.

Ist es gut geschrieben? Oder schlecht? Kann es mein Interesse fesseln, meinen hohen Geschmack befriedigen? Oder langweilt mich sein Stil, sein Inhalt, schon nach den ersten Sätzen? Ist es zu langatmig, zu sprunghaft, zu intellektuell, zu oberflächlich...

Aber was – was kann überhaupt vor dieser explodierenden Welt individueller Ansprüche bestehen? Die doch sowieso unvereinbar sind? Und wenn die Menschen sowieso keine Zeit und keine Lust mehr zum Lesen haben? Wo also ist für ein Buch dann überhaupt noch Hoffnung?

Doch ... ist dies nicht gerade das Problem?

Machen wir nicht alle die Erfahrung, dass das Problem in der Welt gerade die gegenseitige Missachtung ist? Wünschen wir uns denn eine Welt, in der einer den anderen missachtet? Nein, wir wünschen uns warme, menschliche, gegenseitige *Beachtung*. Wir wünschen uns Rücksicht, Interesse aneinander – wir spüren, was eigentlich menschlich wäre, was gut tut, wohl tut. Wir spüren, dass das Sich-Verkaufen, die Konkurrenz, der ungeheure Druck und der gegenseitige Kampf gerade *nicht* menschlich ist.

Aber können wir dies in einem winzigen Schritt auch auf uns selbst anwenden? Die Welt fordert radikal die Verwertbarkeit von allem – auch von uns selbst. Wir sollen ‚funktionieren', wir sollen ‚alles geben', nicht für uns selbst, sondern für unseren Chef, unsere Firma, wir werden ausgenutzt und manchmal wie Sklaven behandelt. Aber wenn wir erkennen, wie *unmenschlich* unsere Welt in großen Teilen bereits ist – können wir selbst dabei einmal innehalten? Haben wir dies nicht auch selbst längst übernommen?

Wie ist es mit diesem Buch... Muss es sich schon gleich in den ersten Sätzen ‚beweisen'? Wird es sofort gescannt und gerastert, Sekunde für Sekunde beurteilt, ob es dem eigenen Interesse noch genügt – oder ob das Todesurteil gefällt wird? Uninteressant ... ab in die Ecke damit...

Vielleicht ist es so. Vielleicht kannst Du, lieber Leser, diesen auch Dir selbst angeeigneten Reflex kaum abstellen. Aber dann kann dieses Buch wenigstens um Deine Gnade bitten – die Gnade, Dein Interesse doch aufrechtzuerhalten, länger als gewöhnlich, einfach, weil dieses Buch Dich darum bittet...

Es ist es wert, gelesen zu werden. Aber dieser Wert entsteht erst dann, wenn die Ruhe da ist, sich nicht Schritt für Schritt ‚beweisen' zu müssen. Welcher Mensch kann unter fortwährendem ‚Erfolgszwang' sein wahres, wunderbares Wesen offenbaren? Er wird zur funktionierenden Maschine, mehr nicht. Die Offenbarung des ganz und gar einzigartigen, wunderbaren *Eigenen* ist nur möglich, wenn es zugelassen wird, wenn Luft zum Atmen da ist, Freiheit, warmes Warten... So ist es aber auch mit diesem Buch. Es gibt sich größte Mühe, so geschrieben zu sein, wie es Dir, lieber Leser, auch entgegenkommen kann. Und trotzdem ist es ein Eigenwesen. Es braucht Deine Toleranz, Dein warmes Interesse – einfach, weil Du eine Begegnung spürst.

Sei liebevoll mit diesem Buch – es ist es wert. Genau wie Du...

Weshalb leben wir eigentlich? Weshalb lebst *Du*? Was hast Du zu dem Inhalt und Sinn Deines Daseins gemacht? Was erscheint Dir wichtig, von Wert, was *erfüllt* Dich?

Haben wir denn in der heutigen Welt noch einen Begriff von Sinn? Oder lebt jeder in den Tag hinein – halb gezwungen und den Rest irgendwie genießend oder einfach herumbringend? Wie *ist* es mit dem ‚Sinn', mit dem Erfüllenden? Gibt es da in tiefstem Sinne etwas – oder steht an dieser Stelle in der Seele eine Art Leere?

Nun, von ‚Sinn' zu sprechen, ist gefährlich in einer Welt, in der man sich damit fast schon lächerlich zu machen droht, oder in der dieser ‚Sinn' auf das Alleräußerlichste beschränkt wird. ‚Sinn' ist dann die Anfüllung des Lebens mit Genuss, Spaß und Annehmlichkeit, bis es ... eben aufhört. Bis es eben zu Ende ist, das Leben. Anfüllung... Essen, Sex, Filme? Feten, gesellschaftlicher Umgang, gesellschaftliche Anerkennung, beruflicher ‚Erfolg'? Ist das die ‚Anfüllung' des Lebens, die man sich vorstellt? Das Herumbringen des Lebens, der angenehme Zeitvertreib, das Genießen, das Mitnehmen der diversen Annehmlichkeiten? Was ist ‚Sinn'? Braucht man den Sinn – oder braucht man nur das Vor-sich-Hinleben mit diesen diversen Dingen, für die man anscheinend lebt oder dank derer man das ‚vorhandene' Leben eben zumindest genießt?

Wie blind muss man für dieses Vor-sich-Hinleben denn sein? Wie blind sind die Seelen, die sich die Frage nach dem ‚Sinn' nicht mehr stellen – oder noch nie gestellt haben? Wie dumpf lebt man vor sich hin, ohne diese Frage zu empfinden? Das Vor-sich-Hinleben ohne diese Frage *ist* völlige Dumpfheit...

*

13

Ich möchte dich, lieber Leser, liebe Leserin, nicht beleidigen oder provozieren – und ich möchte versuchen, das, was ich zuvor sagte, *erlebbar* zu machen, denn darum geht es ja ganz und gar.

Weshalb leben wir? Womit füllen wir unser Leben an? Was tun wir? Und worüber denken wir nach? Leben wir nur vor uns hin? Sind wir nur wie intelligente Tiere, die zusätzlich zu ihrer Notdurft noch ein Bewusstsein bekommen haben – und nun den *Genuss* perfektionieren können? Die Annehmlichkeiten? Technik, Maschinen? Freizeit, Wohlstand? Unterhaltung? Spaß? *Lust*? Ist dies die Anfüllung unseres Lebens? Die Maximierung der Lust?

Und was ist dann zum Beispiel die Lust? Ein paar Jahrzehnte existieren – und das irgendwie halbwegs genießen? Und was ist das dann? Leckeres Essen? Sex? Gute Filme und so weiter? Oder anders gesagt: Fressen, Vögeln, Spaß haben? Als ‚Sinn' des Lebens? Als Anfüllung dieser paar dürftigen Jahrzehnte, die einem zunächst doch so lang erscheinen? So lang, dass man überhaupt keine Frage haben muss, dass man einfach nur genießen muss – das Essen, den Sex, die Filme und das andere, das ‚und so weiter'?
Das?
Bist Du das? Ein intelligentes Tier, das fähig ist, ‚Spaß' zu haben und das Genießen von Genuss zu perfektionieren, wenn möglich? Lust als Anfüllung des Lebens? Heute, morgen, übermorgen, überübermorgen ... Tag für Tag, immer wieder, immer dasselbe...?

Und wann bemerkt die Seele die *Leere*? Die eigentliche Leere? Die Sinnlosigkeit, das tiefgehende Fehlen von *Etwas*? Wann wird inmitten all dessen dieses Fehlen bemerkt?

Das Fehlen von *Etwas*.

14

Natürlich, die Geschmackssinne werden immer nach Reizung suchen. Wir haben sie ja längst so erzogen. Sie wollen das Süße, das Saure, das Würzige, das Verfeinerte schmecken. Und so will die Seele sich den Bauch vollschlagen – und *genießt* das. Es ist ein wesentlicher Bestandteil ihres Lebens. Das Essen ist nicht einfach eine Notwendigkeit – es ist ein Feld des Genusses geworden. Wozu soll das Leben auch gut sein? Oder das Nicht-Genießen? Also genießen! Lust am Essen. Sich den Bauch vollschlagen, und das möglichst lecker. Verständlich ist es. Und doch kann es das Leben nur *anfüllen* – niemals ihm einen Sinn geben...

Wenn man zurückblickt auf das Leben, kann man sich genau erinnern: Da habe ich das gegessen, da das, da das. Und das war lecker, und das, und das, und das... Und ich habe es genossen, und mir den Bauch vollgeschlagen, und ich war gesättigt – und der Genuss war in all diesen Momenten mein Lebensinhalt. Satt durch Genuss, das Essen war mir in dem Moment genug. Genusssüchtig habe ich meine Sucht nach gutem Essen befriedigt – und den Genuss selbst genossen... Wo war da der Sinn? Im Essen war er nicht. Man kann sich hier nur belügen, indem man blind und dumpf die Sinnlosigkeit nicht bemerkt. Oder hat *Fressen* einen Sinn? Oder eben verfeinert: Essen. Welchen Sinn sollte Essen haben? Welchen Lebenssinn? Leben, um zu essen? Wie dumpf kann eine Seele sein, die ihren Genuss an das Essen knüpft? Die im Essen irgendetwas Bedeutsames sieht, was einen nennenswerten Mittelpunkt des Lebens bildet?

Aber man muss sich hier schon ehrlich selbst beobachten. Man muss sich ehrlich selbst fragen: Wie wenig stelle ich mir eigentlich die Frage nach Sinn? Nach einem Erleben von Sinn? Und wie blind lebe ich in den Tag, in das Leben hinein, auf den Tod zu? Welchen Stellenwert hat für mich zum Beispiel das Essen? An dem, was einem wichtig ist, erkennt man, was einem *nicht* wichtig ist. Die, die gerne *essen*, haben meist noch keine tieferen Fragen...

Aber wenn man dann einmal an diesem Punkt anstößt – kann in *diesem* Moment nicht die Frage aufkeimen? Die Frage, ob das Leben aus solchen Beschäftigungen wie Essen besteht – ob es sich darin in irgendeiner Weise erschöpft? Ob das irgendeinen Wert hat? Oder ob man sich an Nichtigkeiten festhält, wirklich absoluten Nichtigkeiten, weil man gar nichts *hat*, was mehr wert wäre?

Der Mensch – das *essende* Wesen?

Oder nehmen wir das Fernsehen – und dazu das Filmeschauen, das Handy-Spielen, überhaupt alles, was mit Bildschirmen zu tun hat. Nehmen wir das einmal alles zusammen. Welche Bedeutung gibst Du dem Fernsehen? Deinem Handy? Wie sehr hast Du es in der Hand? Wie oft starrst Du auf die Mattscheibe? Wie oft lässt du dich von ihr unterhalten? Wie oft lässt Du Dich berieseln, versinkst in Passivität, um einfach nur aufzusaugen, was da kommt – als Unterhaltungsstrom, geeignet, Deine absolut passive Genusssucht oder sogar Leere zu befriedigen?

Wie oft überlässt Du Dein Leben dem Showmaster? Ein paar Schauspielern? Einem YouTube-Video? Einer der unzähligen Belanglosigkeiten im Internet? Oder einem Unterhaltungsfilm, der nebst Tausenden anderen auf den Markt drängt und die Schwemme Tag für Tag vergrößert, längst zu viel, um in zehn Leben hintereinander gesehen zu werden? Dennoch – wie oft gibst Du Dein Leben am Bildschirm ab – und wirst der passive Empfänger der Sinneseindrücke, voller Lust nach dieser Passivität und nach dieser Unterhaltung ganz von außen?

Der Mensch – das dumpf *glotzende* Wesen?

Oder nehmen wir den Sex. Diese ungeheure Lust des Menschen nach Sex. Woher kommt diese Lust? Zum einen aus der Natur – aber da wäre sie gar nicht so stark, würde nur der wiederholten Vermehrung dienen. Selbst wenn es stark wäre – dann würde der Mensch es ‚wie die Karnickel treiben'. Das wäre die Natur. Aber nun hat er als bewusstes Wesen auch dies kultiviert im Sinne von: Lust auf diesen Genuss an sich bekommen.

Und so kann es sein, dass allein schon der Gedanke an Sex einen Menschen von morgens bis abends beschäftigt halten kann. Der eine Mensch denkt von morgens bis abends an das nächste Essen, das er wieder genießen kann, sich den Magen vollschlagend und dabei die Geschmacksnerven ‚massierend'. Der andere guckt alle drei Minuten auf sein Handy, kann überhaupt nicht mehr ohne sein, wäre sozusagen ohne Bildschirm völlig auf Entzug, kann ohne ständigen Griff zur Mattscheibe nicht mehr leben. Und der Dritte denkt von morgens bis abends an Sex – an den nächsten möglichen Sex, an den nächsten real geplanten Sex, an Sex überhaupt. An die Organe, die mit dem Sex zu tun haben, an die Bewegungen, an die Situationen, an die damit verbundene Lust...
Und wieder kann man sein Leben damit ‚anfüllen', kann alles um diese Minuten herumranken, in denen Körperteile ineinandergesteckt werden, hinein, hinaus, bis das passiert, worauf man damit zusteuert – und in diesen paar Minuten spürt man die damit verbundene Lust. Und in sämtlichen Gedanken des Tages, die in diese Richtung gehen, spürt man sie auch.
Das kann ein Leben wirklich machtvoll ausfüllen. Diese Lust ist mächtig. Sie jeden Tag wieder erregen – und zur Befriedigung bringen. Körperteile erregen – und die Folgen spüren. Heute. Morgen. Übermorgen. Und so weiter. Körperteile. Körperteile. Körperteile. Immer dasselbe. Aber die Lust

bleibt. Und wo sie nicht bleibt, denkt man sich Neues aus. Bis sie wieder da ist. Lust, ja – die hat man dann immer wieder. Aber liegt darin irgendein Sinn? Ist das Leben das? Lebst Du, um Sex zu haben? Ist das Dein Lebensinhalt? Ist das Dein Leben?

Der Mensch – das Wesen, das es miteinander treibt?

In manchen Filmen sieht man in den Sexszenen die ganze Armut, die sich darin spiegelt – und die auch hinter unzähligen anderen Wänden überall auf der Welt zu finden sein wird. Man sieht die getriebenen menschlichen Tiere, die zum Geschlechtsakt drängen, ihn dann haben – und danach wieder voneinander ablassen, bis es irgendwann zum nächsten Akt kommt. Meistens ist es ja der Mann, der, befriedigt, von der Frau ablässt, wenn er ,fertig' ist. Und wenn er sich dann befriedigt, selbstzufrieden, auf die Seite rollt oder wieder seine Hose anzieht, dann sieht man die ganze Armut. Es ist, wie wenn die Sinnlosigkeit wie eine riesige Woge durch die Szene rollt und sich offenbart. Der ,Sinn' des Lebens – bestehend nur in der regelmäßigen Befriedigung des Triebes...

Und wenn wir dann alles zusammennehmen – all diese künstlich zum Genuss hochkultivierten Triebe –, dann können wir sagen: Womit füllt der Mensch nun sein Leben an? Mit Fressen, Glotzen und sexueller Triebstillung? Hat er noch andere, wirkliche Fragen? Oder ist dies sein Lebensinhalt? Fressen, Glotzen, Kopulieren...

Diese Frage muss man sich einmal stellen – und man stoße sich nicht an den Worten. Der Magen oder eigentlich die Geschmacksnerven wollen ihre regelmäßige Ration Lust. Die Augen und die daran gewöhnte Seele wollen ihre fortwährende Ration Sinnesreize und Unterhaltung, lustvolle Passivität, immer und immer wieder. Und die Geschlechtsteile wollen *ihre* tägliche Ration Lust – auch immer wieder. Jeden Tag neu. Ohne Ende.

Wo ist inmitten dieses Anfüllens – oder, genauer gesagt: *Ab*füllens – der kurzen Lebenszeit irgendetwas von *Sinn*? Es ist Zeit-Abfüllen unter Lust-Empfindung. Fressen. Glotzen. Kopulieren.

Der Mensch als Lust-an-Lust-Reiher.

Der Mensch als Lüst-ling.

*

Oder was sonst gibt Dir Sinn? Deine Arbeit? Ist sie sinnvoll? Warum? Was ist ihr Sinn?

Was hat überhaupt Sinn?

Was *ist* Sinn?

Anerkennung? Erfolg? Geld? Macht?

Man kann das als persönliche Ziele verfolgen, als Absichten, Intentionen – und daraus irgendeine Befriedigung schöpfen. Aber *Sinn*?

Man kann für sich selbst definieren, dass das Höchste, was man im Leben erreichen kann, die Sorge für das eigene Wohlergehen ist. Dann *hat* das Leben eben keinen Sinn – und der einzige Sinn ist dann das Verfolgen der eigenen Absichten, die einem letztlich das ‚liefern‘, was man anstrebt – Anerkennung, Erfolg, Geld, Macht. Lustgewinn. Zufriedenheit mit dem ‚Erreichten‘. Was auch immer.

Man hält all diese Dinge dann für ‚erstrebenswert' – und erstrebt sie. Man erreicht sie vielleicht – und ist dann zufrieden. Ja? Ist man es dann? Zufrieden? Wenn man ‚es geschafft hat'? ‚Mein Haus, mein Auto, meine Yacht, meine Frau'...?

Die blinde Gier des Menschen nach etwas, was dann scheinbar das Glück versprechen soll, ist zunächst unerschöpflich. Der Mensch blickt nach außen, sieht etwas, was er nicht hat – und begehrt es. Er glaubt felsenfest, dass es ihm besser geht, wenn er es erst einmal haben würde. Und er strebt... Er strebt nach einem guten Job. Nach Geld. Nach Anerkennung. Er strebt und strebt – und wird, wenn er es erreicht, immer zufriedener. Und natürlich – ein guter Job ist besser als ein schlechter. Geld ist besser als kein Geld. Anerkennung ist besser als keine Anerkennung. Alles ist immer ‚besser', und das Streben hört nicht auf.

Aber jenseits dessen...

Ein guter Job ist *besser*. Geld ist *besser*. Anerkennung ist *besser*. Besser als das Gegenteil. Aber was ist dann? Was ist mit einem ‚guten Job'? Und wenn man Geld hat. Und Anerkennung. Und all das. Was ist dann?

Dann ist man durch die Zufriedenheit mit dem ‚Erreichten' zunächst einmal betäubt, oft völlig – und oft sehr, sehr lange. Aber danach? Irgendwann... Was ist dann?

Kinder? In denen man sich dann spiegeln kann? Weil man sie zu dem gleichen Erfolg führt? Oder zu dem, was man nicht hatte? Weil man durch *sie* und von *ihnen* Anerkennung spürt? Zuneigung? Dankbarkeit? Kinder als Zweck-Erfüller der eigenen Bedürfnisse? Als Erfüller des eigenen, versteckten Bedürfnisses nach *Sinn*?

Wie *leer* ist das eigene Leben wirklich?

Die meisten Menschen hören auf, zu fragen, bevor sie auch nur angefangen haben. In Bezug auf diese allerwesentlichste Frage sollte man aber nicht aufhören, zu fragen – oder man reiht sich ein in die lange, unendlich lange Reihe derer, die eben *nicht* fragen, sondern nur dumpf und blind vor sich hin leben, mit einer *Illusion* von Sinn oder nicht einmal das...

Wonach strebst Du – und warum tust Du das?

Was gibt Dir ‚Erfüllung'?

Wo hören Deine Fragen auf?

*

Je tiefer und mutiger man mit seinen Fragen ist, desto tiefer dringt man... Was zunächst wie eine ‚Erfüllung' scheint, ist für den tieferen Blick oft nur eine ‚Fülle' von Illusionen – ein Haufen von Zielen, die zwar verständlich sind, die man aber nur dann ‚Sinn' nennen kann, wenn man sich selbst belügt – oder aber wirklich nicht fähig ist, tiefer zu dringen, mit der Aufrichtigkeit der eigenen Seele...

Es gibt Menschen, die im Laufe des Lebens zu den tieferen Fragen aufwachen – und die sich dann zunächst eingesponnen finden in dasjenige Leben, das sie sich selbst geschaffen haben. Zutiefst schmerzhafte Erlebnisse können dies dann sein. Und doch sollte man nicht den Mut verlieren, wirklich aufzuwachen. Nicht weglaufen vor der herankommenden Erkenntnis, sondern ihr weiterhin *zustreben*. Diese Erkenntnis, diese Frage, ist die allerwesentlichste. Was ist eigentlich der *Sinn*?

Und wenn man dann aufwacht, in einem Gefängnis – einem Gefängnis aus Job, Beziehung, bisherigen Lebenszielen und so weiter und so fort –, dann hat man zumindest *dies* schon erreicht: ein Aufwachen... Von dort aus kann man dann weitergehen...

Es gibt Menschen, die brechen unmittelbar aus – lassen zum Beispiel ihren Partner sitzen, beginnen eine Affäre, machen eine Weltreise oder so etwas. Das Ausbrechen zeigt schon, dass sie etwas Wesentliches begriffen haben. Und dennoch können sie sich weiterhin voll in einer existenziellen Suche befinden, deren Ziel sie noch keineswegs sehen. Zunächst erleben sie nur die Notwendigkeit des Ausbrechens selbst...

Ein solches Ausbrechen kann aber auch die Flucht vor dem eigenen Älterwerden sein. Es ist dann der Versuch, seinen eigenen Lebensillusionen oder gar Lebenslügen zu entfliehen – aber ob man zu etwas *Neuem* kommt, ist natürlich dennoch die Frage. Man kann mit einer oder auch unzähligen Affären eine Zeit lang vor dem Älterwerden fliehen – aber der eigentlichen *Frage* kann man damit nicht entfliehen... Man hat nur eine weitere Methode gefunden, vor sich selbst und vor den entscheidenden Fragen wegzulaufen. Noch eine Weile...

Sehr, sehr vieles ist eine Flucht vor sich selbst. So, wie der Mensch gelangweilt und mit einer tiefen Unzufriedenheit vor dem Fernseher von einem Programm zum anderen ‚zappen‘ kann, um schließlich – vielleicht auch nur für eine Weile – dort zu verweilen, wo er sich noch am meisten unterhalten und abgelenkt fühlt ... genau so kann der Mensch auch von einer Affäre zur nächsten ‚zappen‘, um sich lebendig zu fühlen, jung genug, begehrenswert, um vor der Realität der Vergänglichkeit zu fliehen, und auch vor der Realität der Sinnlosigkeit der bisherigen Lebensführung.

Genüsse, Lust, Abenteuer... Unterhaltung, Ablenkung, völliges Eintauchen in die Sinne, das Sinnliche, vielleicht sogar die Ekstase – alles ist immer wieder Flucht. Suche nach irgendetwas, Suche nach einer echten, bleibenden Befriedigung, die aber nie erreicht wird. Suche, die zur Sucht werden kann. Flucht als einziger Ausweg, immer wieder neu, immer wieder woandershin, aber immer wieder die gleiche ... Flucht.

Der Mensch flieht immer wieder, ohne dass er es weiß. Er sucht etwas, ohne dass er weiß, was. Er flieht in die Sucht, in die Befriedigung der Sinne, in die Befriedigung der seelischen Begierden. Immer wieder sucht er, sich etwas zu erfüllen, und die momentane Befriedigung und der momentane Genuss täuscht ihn darüber hinweg, dass die wirkliche Befriedigung und Befriedung, die wirkliche Erfüllung nie gefunden wird...

Und die meisten Menschen merken ihre tiefere Unbefriedigtheit und ihr tieferes Unglücklichsein gar nicht. Sie richten sich tief ein in einem gewöhnlichen, bürgerlichen Leben, versinken irgendwann in diesen bürgerlichen Gewohnheiten – und *wähnen* sich zufrieden. Vielleicht ,sind' sie es auch. Aber nur, weil sie nie fähig geworden sind, *tiefer* zu fragen, tiefer hinzufühlen nach der Sehnsucht, die auf dem Grunde auch *ihres* Herzens lebt, tiefer hinzufühlen, hin zu dieser letzten, wahrhaftigen Unglücklichkeit, weil das Herz noch immer darauf wartet, wahren Sinn und wahre Erfüllung gefunden zu haben...

*

Und fast jeder Mensch richtet sich viel zu sehr nach dem, was die äußere Welt ihm vorschreibt und suggeriert. Die Welt macht Vorgaben – und der Mensch richtet sich nach ihnen.

Und hier gibt es vor allem zwei große ‚Narrative', das heißt, ‚Erzählungen', wie ein Leben zu sein habe.

Die erste Erzählung ist eben genau dies: das bürgerliche Leben. Diese Erzählung lautet ungefähr so: Du sollst eine Partnerschaft begründen, du sollst Kinder bekommen – oder ein Kind –, du sollst eine gute Stelle anstreben, dir ein wenig aufbauen, vielleicht eine Eigentumswohnung, und dann dein Glück genießen. Deine Frau – oder dein Mann – und dann dein Kind, eure Kinder. Das ist das wahre Glück – so lautet diese ‚Erzählung' –, du wirst sehen, folge diesem Weg einfach...

Man übernimmt diese Erzählung von der Umwelt, von den eigenen Eltern, und diese haben sie von ihren Eltern und so weiter... Erzählungen setzen sich fort, indem sie einfach immer weiter tradiert werden und ohne Alternative bleiben. Die Kinder rebellieren erst gegen ihre Eltern, kehren dann aber später doch wieder ‚einsichtig' zu denselben Zielen und Erzählungen zurück – und führen dann letztlich auch das Leben ihrer eigenen Eltern... Die eine Erzählung ist also das bürgerliche Leben. Familie, Eigenheim (wo möglich) und das stille, kleine Glück. Das ist die erste Methode, die Seele von den tiefsten Fragen abzuhalten und sie ruhigzustellen...

Die zweite Erzählung geht ungefähr so: *Du* bist der Gestalter deines Lebens. Nimm dir, was du kriegen kannst. Die Welt ist für dich da – und Genuss ist alles. Gestalte dein Leben als Genuss-Schleife mit Endlos-Modus. Was du auch begehrst – es gibt für alles eine App. Jeder Wunsch ist erfüllbar – und du bist dumm, wenn du nicht weißt, wie. Du lebst nur einmal, also *nimm* dir das Leben, das volle, pralle Leben. Nimm alles mit. Das Leben als Werbespot – und du bist die Hauptperson. Natürlich, wer sonst? Genuss in jeder Sekunde. Alles andere ist Zeitverschwendung.

Das sind die zwei geradezu epischen Erzählungen, die in unserer Zeit die Seelen ruhigstellen – die sie geradezu ‚auf Droge setzen', so dass nicht einmal mehr ein Hauch von Seele nach den tieferen Fragen fragt. Sie scheinen ja alle bereits beantwortet, durch mächtige, eindeutige Antworten...

Die eine Antwort ist die ‚vernünftige' – das stille, durch eine große Mehrheit abgesegnete, biedere Glück der Familie. Millionen glückliche Familien können nicht irren...

Die andere Antwort ist die mehr ‚ekstatische' – das pralle, durch eine nicht minder große Mehrheit abgesegnete Glück der absoluten ‚Selbstverwirklichung' durch den Genuss im ‚Allroundmodus'. Alles, was ich will. Immer. Überall. Jederzeit.

Das Eine ist das Glück der kleinen Gemeinschaft – Ehe, Familie, Frau/Mann und Kind. Glück durch Harmonie. Glück durch Aufopferung und genauso großes Beschenktwerden. Abgesegnet durch Jahrtausende, durch Vorfahren, durch die Gesellschaft, durch Staat, Volk und Kirche... Durch Freunde, Verwandte, Moral, eigene Vorstellungen – unerschütterlich. Eine gigantische Erzählung... Schon der Versuch einer Hinterfragung würde einen der Lächerlichkeit, dem kollektiven strengen oder mitleidigen Kopfschütteln preisgeben...

Das Andere ist das Glück des kompletten ‚Individualismus': Alles, was zählt, bist du. Glück durch ununterbrochenen Lustgewinn, volles Verfolgen der sekunden-aktuellen Bedürfnisse. Je mehr Bedürfnisse du hast und je ‚spontaner' du sie jederzeit verwirklichst und befriedigst, desto ‚individueller' bist du, desto ‚authentischer' bist du. Lass die Spießer ihr ödes Leben führen – *du* bist modern, du bist zeitgemäß. Du bist du. Du bist Genuss. Das Motto ist: Lebe deine Begierde! Und wiederum ... eine gigantische Erzählung. Schon der

Versuch, ihr zu widersprechen, würde einen der Lächerlichkeit, dem kollektiven Spott der ‚authentischen' Ego-Gemeinde preisgeben...

*

Wer tief, tief in eine dieser beiden ‚Erzählungen' hineinsozialisiert wurde, der kann sich zunächst kaum daraus befreien. Und doch ist es unendlich wesentlich, zu durchschauen, wie sehr unsere Seele von diesen Narrativen *fremdbestimmt* wird. Es ist von Anfang an keine freie Entscheidung. Wir werden *hineingesaugt* – in entweder die eine oder die andere Erzählung. Die Umwelt, die gesamte Umwelt, der Freundeskreis, die übrige Umgebung, die Medien mit ihrer Macht, all das führt dazu, dass wir unser Leben bereits mit einer Gehirnwäsche *beginnen*.

Gehört man nicht wenigstens *einer* dieser beiden Glaubensrichtungen an, ist man bereits ein Outlaw, ein Gesetzloser, ein Ausgestoßener – der von Angehörigen *beider* Narrative gleichsam verachtet und nicht verstanden wird... Man ist ein Gesetzloser, weil man weder dem einen noch dem anderen Gesetz gehorcht...

Aber was gibt es denn noch drittes – oder anderes? Kann es noch etwas anderes geben als diese beiden Varianten? Was denn aber?

Und wäre dieses Andere nicht auch wieder nur eine neue Form von Dogma, von Erzählung, von Gesetz? Worauf willst du hinaus?

Ja – worauf will ich hinaus...

*

Vielleicht geht es zunächst um die Befreiung von *jeglicher* Fremdbestimmung. Vielleicht geht es zunächst einfach nur darum, zu durchschauen, dass dies mächtige Narrative, ‚Erzählungen' sind – und dass es *möglich* sein muss, sich selbst zu entscheiden, ob man sie sich ‚anzieht' oder ob man eben *nicht* blind diesen Vorgaben folgt, sondern sich ganz, in wirklich tiefstem Sinne, *selbst* entscheidet, was man macht und machen will.

Dafür muss man aber eine *Empfindung* dafür bekommen, wie unfrei man eigentlich ist, wenn man ohne eigenes Nachdenken und Nachfühlen einem dieser beiden Narrative folgt. Man hält sich für frei, aber man ist eigentlich sehr, sehr unfrei, weil man noch nicht an den Punkt gekommen ist, radikal hinterfragen zu können.

Familie und Partnerschaft – das ist das gesellschaftlich sanktionierte Modell des Zusammenlebens, des geordneten Für-Nachwuchs-Sorgens und des privaten ‚Glücks'. Das Andere, historisch extrem neue Modell ist das der totalen ‚Selbstverwirklichung', der vollen Genuss-Verfolgung. Das bürgerliche Modell erzieht zur Einschränkung der eigenen Bedürfnisse, zum Ausleben des ‚Familienglücks'. Das andere Modell erzieht zur völligen Kultivierung der eigenen Bedürfnisse, zum Ausleben des Bedürfnis-Ego.

Das erste Modell stachelt gleichsam den ‚Familieninstinkt' an, das zweite Modell den ‚Lust-Instinkt'. Das erste Modell verspricht das volle Glück und den vollen ‚Sinn' in Form von Partnerschaft und Familie, das zweite Modell verspricht das volle Glück und den vollen ‚Sinn' in Form von Lust und fortwährender Bedürfnisbefriedigung.

Familie gegen Ego, Verantwortung gegen Lust, Spießertum gegen Genuss-Modus. Und in eine der beiden Fallen tappt fast jeder.

*

All diese Worte bedeuten keine festen, fertigen Urteile. Sie sollen nur den inneren *Blick* auf etwas lenken. Sie sollen es möglich machen, diese beiden Narrative und ‚Lebensmodelle' auch in ihren *Kehrseiten* erleben zu lernen.

Erst, wenn man auch den Gegenpol erleben kann, kann man sich wirklich frei zu etwas stellen. Jemand, der besessen ist von der Idee, Millionär zu werden, kann dieser Idee erst *frei* gegenüberstehen, wenn er auch erleben lernt, welche Kehrseiten das Millionär-Sein mit sich bringen würde.

Die wenigsten Menschen schaffen es, in diesem Sinne wirklich frei zu werden. Sie bleiben doch immer einer Seite verhaftet und erleben die Kehrseiten nicht wirklich, *wähnen* sich dann frei – und werden erst viel später erleben, was sie alles *nicht* gesehen hatten... Man wird nur aus Erfahrung klug. Die einzige Alternative ist, die wahre Realität von etwas schon vorher innerlich wirklich zu erleben und zu *erfahren*.

Jede innere Entwicklung besteht daraus, eine neue Realität zu erfahren und das (zumindest teilweise) Illusionäre und Unentwickelte der bisher erlebten und gelebten ‚Realität' zu erkennen.

Jede Vertiefung des Erlebens, des Erkennens, des Begreifens, ist ein Schritt in der inneren Entwicklung – und jede Vertiefung in dieser Richtung vertieft zugleich die *Freiheit*. Denn immer tiefer begreift und erlebt der Mensch die Wirklichkeit, die volle Wirklichkeit – die der Welt und auch die eigene...

So ist es zum Beispiel ein ungeheurer Schritt in dieser Vertiefung der inneren Freiheit, zu entdecken, dass man sich in seinem ganzen bisherigen Leben noch nie – oder schon ewige Jahre nicht mehr – nach dem *Sinn* gefragt hat. Oder sich nie gefragt hat, bei dem ‚Lebensmodell', dem man folgt, welchen tieferen oder tiefsten *Sinn* dieses eigentlich hat. Oder dass man sich nie gefragt hat, wer man eigentlich ist, wirklich, in tiefstem Sinne. Oder was der Mensch überhaupt ist...

Vielleicht hatte man einst bei der Ahnung solcher Fragen schon sehr früh abgewunken, in der Meinung, es gebe auf solche Fragen doch ohnehin keine Antwort. Oder in der unbewussten Angst, hier doch nur auf unsägliches Glatteis zu geraten. Vielleicht in eine absurde Esoterik oder in unfruchtbare religiöse Gebiete. Die unhinterfragten Vorurteile auf diesem Gebiet sind riesengroß. Man hat von nichts eine Ahnung – aber man glaubt, alles beurteilen zu können.

Es geht aber zunächst gar nicht um irgendein Ja oder Nein in dieser Richtung. Es geht um den Mut, innerlich so radikal wie möglich zu *fragen*. Was ist der Sinn? Was fühle ich als Sinn? Fühle ich etwas?

Wieso habe ich überhaupt eine *Frage* danach?

Aber wenn man von den verschiedensten ‚Erzählungen' zunächst völlig absorbiert ist, hat man ja diese Frage erst einmal *nicht*. Doch ... hat man sie *wirklich* nicht? Oder ist man nur taub für sie, diese Frage? Versucht sie nicht dennoch, sich vom Grunde des eigenen Herzens aus irgendwie hörbar zu machen? Ist nicht alles darauf ausgerichtet, diese Frage nur zu übertönen und zu betäuben?

Ist ein Herz ohne die Frage nach dem Sinn nicht immer nur dumpf und taub?

Diese Frage sollte man sich einmal in aller Tiefe stellen...

*

Aber was bedeutet ‚in aller Tiefe' eigentlich? Es würde doch bedeuten, dass man es vermag, still zu werden, dieser Frage auf den *Grund* zu gehen. Denn erst auf diesem Grund wird doch die Tiefe erreicht...

Ein Herz, das bis auf den eigenen Grund tauchen kann, würde doch zuletzt *immer* der Frage nach dem Sinn begegnen – das muss doch jede Seele unmittelbar fühlen...?

Fühlen, dass die Nicht-Begegnung mit dieser Frage immer nur einem Fliehen oder einer Dumpfheit anderer Art entspringen kann... Fühlen, dass wenn das Fliehen aufhört, wenn die Dumpfheit aufhört, man dieser Frage schließlich unweigerlich begegnen muss...?

Was ist der Sinn? Wo liegt Sinn? Wo erfährt die Seele Sinn? Nicht: wo redet sie sich diesen ‚Sinn' ein – sondern: wo erfährt, wo *erlebt* sie Sinn...

Das Erste, was die Seele lernen müsste, ist also, zu schweigen. Erst in diesem Schweigen könnte jene leise Stimme hörbar werden, die die eigentliche Frage fortwährend stellt. Es gibt eine leise, untrügliche Stimme, die in der Tiefe der Seele immer diese Frage stellt. O, Mensch – bedenke und erfühle: Was ist der Sinn? Wo lebt der Sinn? Höre die Frage, o Mensch – und werde still...

Haben wir Angst vor dieser Frage? Oder haben wir den Mut, ihr wahrhaft zu begegnen? Haben wir den Mut? Sind wir mutig genug, *still* zu werden...? Oder haben wir gar nicht die Kraft dazu – weil es uns ‚sinnlos' oder ‚langweilig' erscheint?

In welche Ausreden flüchten wir uns? Welche Form der Vermeidungstaktik wählen wir?

Wer sich nicht mindestens einmal im Leben in aller Radikalität die Frage nach dem Sinn gestellt hat und in dieser Frage *verharrt* ist, auch in aller Radikalität, der kann entweder nur als feige oder aber als unfähig – bisher noch nicht fähig dazu – bezeichnet werden.

Die Frage nach dem Sinn ist weder langweilig noch sinnlos. Ihre *Vermeidung* ist entweder feige oder dumpfbackig... Nur wer vollkommen und radikal in diese Frage eintauchen kann, hat Mut genug, *frei* zu werden – und wahrhaft Mensch zu werden.

Die Frage nach dem Sinn ist der *Schlüssel* zu wahrer Mensch-heit im tiefsten Sinne. Ohne diese Frage ist man noch kein Mensch. Man ist ein Dumpfling oder Feigling – entweder noch nicht reif genug dazu, diese Frage überhaupt zu haben, oder aber davor weglaufend, vielleicht schon sehr, sehr lange...

O Mensch – habe Mut, jene Frage zu stellen, die Dich erst menschlich macht!

Und dann ist da der Unterschied zwischen Innen und Außen...

Die Frage nach dem Sinn kann nur innen, innerlich, empfunden werden. Und auch ist nur dort eine Antwort zu erhoffen. Denn wer ist der Fragende? Man ist es selbst. Aber es muss auch erst einmal *gefragt* werden. Wann wird man es tun? Wann wird man der Fragende...?

Ohne Frage scheint alles fraglos selbstverständlich zu sein. Man lebt eben. Man lebt nach außen – und alles ist klar. Die Motive, die Intentionen, die Ziele. *Scheinbar* ist alles klar. Denn man lebt ohne Frage. Man lebt und hat keine Frage – nicht diese. Und so lebt man ganz nach außen, und in gewisser Weise *wird* man gelebt. Das Leben lebt einen...

Entweder also der Mensch geht ganz auf im äußeren Leben, oder er kommt irgendwann an den Punkt, wo er diese eine Frage empfindet, die ihn nicht mehr loslässt, weil auch er sie festhält: Die Frage nach dem Sinn. Die suchende Frage nach demjenigen, was als Sinn erlebt werden könnte. Diese Frage, die zunächst ganz ohne Antwort ist. Am Ende der Antwort ist eine Leerstelle, die Frage ist unbeantwortete Frage, ist reine Suche, ist das *Erleben* der Frage.

An diesem Punkt erlebt die Seele, dass die Frage eine *reale* ist. Dass sie gestellt werden muss und dass man bisher einfach versäumt hat, sie zu stellen. Die Seele erlebt, dass sie bisher ohne wirklichen Sinn gelebt hat, dass ihr Tun, ihre Ziele, ihr ganzes Leben ohne diese Frage und ohne eine Antwort darauf ... einfach so abgelaufen ist. Und so wird ihr ganzes bisheriges Leben, Denken, Fühlen, Wollen *fragwürdig*, denn es hatte diese entscheidende Frage nicht dabei. Die Seele hat einfach vor sich hingelebt – ohne Sinn... Ohne die Frage nach dem tiefen Sinn...

Und die Seele kann es mehr oder weniger stark erschütternd wie eine Art Zeitverschwendung, eine wirklich verlorene Zeit, ein schweres Versäumnis empfinden ... was bisher an so unendlich realer Lebenszeit vergangen ist, ohne dass sie in dieser Zeit mit dieser *Frage* gelebt hätte.

Das klare Bewusstwerden der Frage nach Sinn und ihrer Wichtigkeit ist wie ein Aufwachen. Die Seele kommt sich – mit Recht – vor, wie wenn sie bis jetzt ganz *gedankenlos* vor sich hingelebt, in das Leben hineingelebt habe. Die Frage nach dem Sinn erscheint nun wie der wichtigste Gedanke, den die Seele überhaupt haben kann. Denn an ihm und an seiner Antwort entscheidet sich ja alles ... entscheidet sich ja der Wert von allem.

Wer die Frage nicht hat, lebt weiter vor sich hin – und ist ohne Frage zufrieden, tut ohne jeden tieferen Gedanken dies und das, führt sein gewohntes Leben, kennt kein anderes, fragt nicht nach einem anderen... Aber wer die Frage hat, der kann dies nicht mehr – denn ihn begleitet fortan die Frage bei *allem*, was er tut. Was ist der Sinn? Hat dies Sinn? Spüre ich hier Sinn? Antwortet mir hier etwas... Oder spüre ich gerade die wachsende Sinnlosigkeit dieser oder jener Handlung, dieser oder jener Gewohnheit, dieses oder jenes Gedanken, dieser oder jener Absicht, dieses oder jenes Zieles...

Fortan ist die Frage nach dem Sinn eine Art *Wächter* über alles, was man tut. Denn alles wird in diese Frage getaucht, muss sich an ihr bewähren, wird von ihr gemessen und gewogen – und all das, obwohl man noch gar keine *Antwort* auf die Frage hat...

Und doch hat man schon etwas. Denn man hat ein Gefühl, ein leise wachsendes Gefühl für diese angedeutete Sinn*losigkeit* von ... so vielem. Bei immer mehr spürt man immer sicherer: Hier liegt der Sinn *nicht*. Hier ist er nicht zu finden. Dies hat viel weniger Bedeutung, als ich bisher dachte... Und jenes auch. Und auch dieses...

Die Frage nach dem Sinn führt also zu einer Suche. Es ist ein Weg der ‚Negativ-Erfahrungen' in dem Sinne, dass man immer mehr Bereiche des Lebens und Erlebens ausschließen kann in Bezug auf die mögliche Antwort. Immer mehr von dem, was bisher Teil des eigenen ‚Sinn-Gebäudes' im Sinne von gewohntem Lebens-Inhalt war, wird ganz bewusst als etwas erkannt und auch erlebt, was *nicht* in Zusammenhang mit dem steht, was die Seele immer tiefer als Sinn sucht. Die Seele hat innerlich sehr wohl einen Sinn, ein ‚Sinnesorgan' dafür, ob etwas mit diesem Sinn, den sie erst sucht, innigen Zusammenhang hat oder nicht. Sie *weiß* immer sicherer: Hier ist er nicht. Dort ist er nicht. Und hier auch nicht...

Die Seele kennt den Sinn noch gar nicht, und doch kennt sie ihn sehr gut – denn sie weiß sicher, was er *nicht* ist. Und sie erkennt immer mehr als nicht-übereinstimmend mit dem, was sie immer mehr sucht.

Woher weiß die Seele das?

Sie weiß es, weil sie sicher weiß, dass der Sinn das wahrhaft *Erfüllende* wäre. Und immer wenn sie dann erlebt, dass etwas nicht wahrhaft erfüllend ist, dass es doch noch immer eine Leerstelle hinterlässt, ein Gefühl der Leere, der Lücke, der Unvollkommenheit ... weiß sie, dass ihre Suche noch immer ohne Antwort ist. Der Sinn wäre das wahrhaft Erfüllende, wäre die volle Antwort. Die Frage wäre zu Ende, weil die Antwort sie erfüllen würde, ‚bis an den Rand' und sogar darüber hinaus. Das Ende der Frage, der Beginn der Antwort, die aber zugleich die Fülle ist. Sinn... Die Seele weiß ganz genau, was Sinn ist, *der* Sinn. Es ist ihre tiefste Suche...

*

Es ist deutlich, dass Innen und Außen eine Polarität darstellen. Wenn ich aufhören will, nur so vor mich hinzuleben, gleichsam dumpf und unbewusst, muss ich mich auf mich selbst besinnen. Ich muss aufhören, einfach bloß zu *leben* – und ich muss mich *besinnen*, mir meines Innen-Seins bewusst werden. Es ist der Gegensatz zwischen der Erkenntnis: ‚Ich bin ein Ich, ich habe eine Seele, einen seelischen Innenraum, eine ganze seelische Innen-Welt' – und dem bloßen Vor-sich-Hinleben, überhaupt jeglicher Unbewusstheit.

Mancher Mensch lebt schon mehr ‚innen' als ein anderer. Der eine macht sich von Natur aus mehr Gedanken als ein anderer, grübelt vielleicht mehr, nimmt sich mehr zu Herzen und so weiter. Aber der hier gemeinte Übergang von Außen nach Innen ist das *Bewusstwerden* des eigenen Innen-Wesens. Hier, in diesem Bewusstwerden, wird erst der eigentliche Übergang nach Innen gemacht. Vorher ist im Grunde noch immer alles Außen. Denn es ist außerhalb des Bewusstseins...

Dies ist zunächst die wichtigste Entdeckung, die ein Mensch machen kann: die voll bewusste Entdeckung der eigenen Innen-Welt. Dies ist im Grunde der Moment, in dem die Seele wirkliches Selbstbewusstsein gewinnt, wahrhaft erkennt, dass sie eine *Seele* ist. Und dieses Selbstbewusstsein, das gleichsam wie ein Mittelpunkt der Seele ist, ist zugleich das ‚Ich'. Das wirkliche Bewusstwerden der Innen-Welt und des Innen-Wesens ist identisch mit dem Aufwachen des Ich.

Vorher haben Seele und Ich geträumt. Jetzt erwachen sie – und wie äußerlich Tag und Nacht, Traum und Wachen klar geschieden sind, so ist nun auch Innen- und Außenwelt klar geschieden. Nicht mehr ist die Innenwelt in einem Traumzustand und die Außenwelt das einzig ,Reale' – nein, nun ist auch die Innenwelt genauso real, vielleicht sogar realer als alle Außenwelt, und steht dieser Außenwelt mit vollem Bewusstsein *gegenüber*.

*

Und die Seele kann die Außenwelt nun beobachten. Sie steht ihr ja nun bewusst gegenüber. Sie kann diese Außenwelt nun ganz auf sich wirken lassen – bewusst.

Um den Gegensatz zwischen Innen und Außen aber vollständig zu machen und auch voll zu erleben, darfst Du, o Seele, nun nicht den Fehler machen, mit Deinen gewöhnlichen Gedanken und Empfindungen auf die Außenwelt zu schauen. Denn, o Seele, sei Dir bewusst, dass auch diese schon von *außen* als Gewohnheiten in Dich hineingesät wurden – und Du gar nicht weißt, was wirklich und wahrhaft Dein Eigenes wäre oder werden kann...

Versuche daher, liebe Seele, die Außenwelt auf Dich wirken zu lassen, während Du Dich innerlich so still wie möglich machst. Ziehe Dich von dieser Außenwelt in Dein Inneres zurück, Dein schweigendes Inneres – und lass *dann* die Außenwelt an Dich herankommen und auf Dich wirken... Die Außenwelt kommt heran – und Du schweigst ... schweigst und empfindest...

Und nun erlebst Du die Außenwelt wirklich. Du gehst nicht mehr in ihr auf. Du hast Dich in Dein eigenes Wesen zurückgezogen, und dieses schweigt, und nun erlebt dieses schweigende Wesen die Außenwelt...

Und was, liebe Seele, erlebst Du dann? Lass Dir Zeit – lass Dir viel, viel Zeit. Denn auch dieses Erleben ist unendlich wesentlich.

Die schweigende Seele ... empfänglich für die Außenwelt, innerlich schweigend und das Außen an sich herankommen lassend – was erlebt sie?

Zuvor hat sie ja schon sich selbst hinter-fragt, hat an ihr eigenes Leben immer mehr die eine Frage gestellt. Bis ihr diese Frage eine Art Lebensnotwendigkeit geworden war. Bis ihr diese Frage wirklich die wichtigste geworden war. Und sie an ihr alles maß und alles wog, was sie selbst tat. Und nun schaut sie nach außen...

Mit dieser Vorbereitung, mit diesem leisen, aber tiefen Wachsen der einen Frage – und dann dem Sich-Zurückziehen in das eigene Wesen, das aufwacht, und dem Schauen auf die Welt ... sieht die Seele nun auf einmal in der Welt *dasselbe*, in tief eindrücklichen oder sogar erschütternden Erlebnissen. Nun sieht sie, in sich selbst zurückgezogen und die Welt auf sich wirken lassend, auch in der *Welt* dieses gedankenlose Ablaufen, Geschehen, dieses bloße Sich-Ereignen von so unendlich vielem, was nicht im Geringsten mit dieser einen Frage lebt. Alles, alles ereignet sich, ohne dass es irgendetwas mit dieser einen Frage zu tun hätte. Blind lebt die Welt in den Tag hinein, blind stolpert sie voran, immer weiter, immer weiter – in all ihrer Hektik, aber blind, blind und dumpf. Ohne die Frage. Verachtend die Frage. Blind vorwärts, einfach so, immer weiter, sinn-los voranstolpernd. Ohne Sinn. Und doch so unendlich hektisch – und so schein-selbstgewiss. Als würde es die alles entscheidende Frage gar nicht geben. Wie eine ungeheure Flucht, auch hier...

Da draußen, in der Welt, ist die Antwort wirklich nicht zu finden. Das eigene Leben hatte die Frage nach dem Sinn bisher so sehr versäumt. Aber aufwachend zu sich selbst und sich in sich zurückziehend und nun wieder auf die Welt blickend, sie in sich aufnehmend, erlebt die Seele dieselbe Frag-losigkeit in unendlicher Steigerung. Nicht nur sie selbst – bisher –, sondern *die ganze Welt* lebt gedankenlos und sinnlos in das Leben hinein, lebt vor sich hin und tut gedankenlos all das, was getan wird...

Was die Seele längst als sinn-los erkannt hat, findet sie in der Welt in unendlicher Vervielfachung wieder. Es geschieht trotzdem. Alles, alles geschieht trotzdem – heute, morgen, jeden Tag, überall, in endloser Wiederholung.

Menschen fahren zur Arbeit. Plakate hängen, versprechen einem irgendetwas. Autos, Busse, Züge, Flugzeuge... Alle, alle wissen scheinbar ganz genau, wo sie hinwollen. Was sie tun. Was sie verfolgen. Krawattenträger. Jeansträger. Teure Kombinationen. Jeder stellt etwas dar. Jeder spielt eine Rolle. Wer trägt eine Frage? Wer trägt *die* Frage? Wer ist ein Fragen-Träger, ein Fragen-Hüter? Aber alle hasten hierhin, dorthin. Berufe. Umsätze. Gewinne. Vorgesetzte. Marktchancen. Forschung. Nachrichten. Werbung. Analysen. Arbeitsessen. Essen mit der Familie. Krimi. Krieg. Schulzeugnisse. Kreditzahlung. Sex. Schlafen. Weckerklingen. Aufstehen. Und zur Arbeit. Urlaub. Zwei Wochen woanders. Dann wieder zurück. Das Gleiche weiter...

*

Man muss die Frage nach dem Sinn und auch das innere Aufwachen sehr ernst nehmen, um an dem, was hier geschildert wird, wirklich tiefe, existenzielle Erlebnisse zu haben. Dann aber, irgendwann, *wird* man sie haben.

Und man braucht sie auch – diese tief reichenden und tiefgreifenden Erlebnisse. Denn hat man sie *nicht*, wird man doch wieder ... bleiben, wo man ist.

Und der Aufgewachte wird wieder einschlafen. Und der kurz Innehaltende wird weiter fliehen. Und der, der kurz herausgetreten war aus allen Erzählungen, allen Narrativen, um frei zu werden, wirklich frei ... wird wieder zurückfallen in die Unfreiheit, die zwar Unfreiheit ist, aber doch so willkommen, so heimelig, denn sie ist so *bequem.*

Jede Befreiung von Gewohnheiten, die ja so gewohnt sind, weil sie ein Stück des eigenen Wesens geworden zu sein scheinen, ist *anstrengend.* Alles Andere, alles Verbleiben in dem Gewohnten, ist weniger anstrengend. Das Leben mit der wichtigsten, der gleichsam heiligen Frage ist anstrengend. Es ist zunächst eine Bürde, keine Freude. Denn man erkennt sich als gefangen. Gefangen in einer Welt ohne Sinn – gefangen auch in einem Eigenwesen, das nichts mit Sinn zu tun hat. Und alles Hinaustreten, jede kleinste Veränderung, bedeutet Anstrengung. Fortwährende Anstrengung. Kampf um jede kleine Verwandlung...

Da ist es doch einfacher, aufzugeben und nichts zu tun. Und viele Seelen wählen diesen Weg. Sie kehren zurück. Wie das reumütige Gegenbild des ‚verlorenen Sohnes'. Kurz haben sie die eigentliche Frage gestellt... Aber zerrieben von der Anstrengung, die sie noch nicht einmal angegangen sind, die sie schon in der bloßen Vorstellung abgeschreckt hat und für sie ‚zu viel' war – kehren sie wieder zurück in den warmen

Schoß der Gewohnheit, in ihr altes Leben, das zwar ohne Sinn ist, aber zumindest Bequemlichkeit und Schutz vor übermäßiger Anstrengung verheißt. Alles geht so weiter wie bisher. Aber es ist zumindest *einfach*. Essen, Bildschirme, Sex. Familie, Arbeit, Urlaub. Einfach nur das. Immer wieder. Aber es ist zumindest nicht anstrengend. Die eigentliche Frage war zu anstrengend. Lieber ohne die Frage leben. Man weiß nun zwar, dass sie einmal da war – aber man hat sie dennoch abgelehnt. Und die Lebenslüge wird größer. Aber selbst das ist einem egal.

Viele Seelen lieben die schale Gewöhnlichkeit letztlich doch mehr als ihre mögliche wahre Freiheit. Die Lebens-Lüge mehr als ihr volles, wahres Wesen. Sie haben Angst vor den Konsequenzen ihres eigenen *Mutes*, den sie entfalten könnten. Angst vor dem Mut. Angst vor dem eigenen Wesen, das viel zu *schön* sein könnte, um es anzuschauen, denn jetzt ist man es ja noch nicht...

Die Seele könnte vielleicht etwas Unendliches sein – etwas Unbeschreibliches ... aber man sinkt zurück in die Flucht. Und es reicht einem das, was man ‚hat‘. Fressen, Glotzen, Kopulieren. Oder Job, Familie, Urlaub. Wie man es auch nennen mag. Die Seele weiß selbst am *besten*, wovor sie eigentlich flieht, weil sie Angst vor der eigenen Courage hat...

O Seele, würdest Du je die Freiheit finden, wenn Du Dich von außen bestimmen lässt?

Aber die Außenwelt ist so stark – und die Seele ist so schwach...

Es gibt nur zwei Dinge, die der Seele Kraft geben können: Das eine ist die *Frage* – und das andere ist die *Sehnsucht* nach dieser Frage und nach ihrer Antwort... Nur mit Hilfe dieser zwei Kräfte kann die Seele über sich hinauswachsen und sich gegen die *Welt* stellen, alle Bequemlichkeit aufgeben, wo immer es nötig ist, oder sogar schon vorher...

Ohne diese beiden Kräfte ist die Seele hoffnungslos in ihrem Gefängnis verloren – sie wird nicht die Kraft haben, ihm zu entgehen, und wird nicht einmal wissen, warum sie es sollte...

Die meisten Seelen verfallen auf gewaltige, mächtige Ausreden, wenn sie – auch vor sich selbst – begründen sollen, warum sie lieber in der Gefangenschaft verbleiben. Und sie merken nicht einmal, dass es Ausreden sind und wieviel diese Ausreden über die eigene *Schwäche* sagen.

Eine solche mächtige Ausrede ist: ‚Aber es machen doch alle...'

Natürlich – warum sollte man sich als Einziger gegen die ganze Welt stellen? Als einzige, einsame Seele auf die Suche nach was auch immer machen – und dafür alle Bequemlichkeit aufgeben. Sich gegen den Strom stellen. Unbequem werden. Selbst auch alle Bequemlichkeit verlieren. Warum sollte man das tun? Es wäre doch dumm und sinnlos... Und schon ist die Seele wieder eingeschlafen, hat sie sich selbst eingeschläfert, erfolgreich... Sie ist zurückgeflohen in die Gefangenschaft und hat es sogar vor sich selbst wunderbar begründet... Wollte sie dennoch wieder frei sein, müsste sie sich selbst widerlegen...

‚Es machen doch alle' – das ist das absolute Totschlagargument gegen jegliche innere Entwicklung. Es ist das todsichere, unwiderlegliche Argument, um sich selbst zu beruhigen, warum man etwas *nicht* machen muss.

Aber genau das ist auch der entscheidende Punkt jeglicher innerer Entwicklung: Niemand zwingt einen. Man kann sich nur selbst zwingen – wenn die existenzielle Sehnsucht noch zu schwach ist. Darum ist der Verweis auf andere hier so unendlich erfolgreich: Mit diesem Verweis kann man sich machtvoll selbst belügen. Niemand zwingt einen – und wenn man damit sowieso ganz allein steht, wenn niemand sonst diese innere Suche hat ... dann kann man sie doch sowieso sein lassen. Welchen Sinn hätte sie dann noch? Sie ist anstrengend – denn man ist allein. Und sie scheint sogar sinnlos zu sein – denn man ist allein. Also weg mit der Frage. Vergessen... Nicht mehr daran denken... Alle anderen tun das doch auch...

Und selbst wenn man es versucht hat – wenn man versucht hat, sich aus dem Gefängnis zu befreien. Was dann? Wozu ist das Leiden an der Frage nach dem Sinn denn gut? Man selbst sucht und leidet, ist mit dem Bisherigen nicht mehr zufrieden – aber man sieht dann die Welt, die damit sehr wohl zufrieden ist. Die zufrieden ist mit Bier, Krimi und Sex. Oder mit Familie, Job und Urlaub. Und die einen kopfschüttelnd anschaut – und die einen fragt, was man sich auf einmal für Mühe macht, was für sinnlose Mühe mit allem... Sinnlose Fragen, sollte man nicht haben, wenn man glücklich sein will. Aber vielleicht will man ja lieber unglücklich sein. Dumm... Einfach nur dumm...

Die ‚Welt' hat also mächtigste ‚Argumente' – und diese wird sie auch einsetzen, sie werden zweifellos kommen. Man braucht sich darüber keinerlei Zweifel hinzugeben – sie werden kommen, diese Argumente. Und die schwachen Seelen werden sie wieder in ihren Schoß hineintreiben. Reumütig und ratlos werden diese schwachen Seelen wieder zurückkehren – und sich selbst wieder einschläfern, um nicht mehr an die Frage denken zu müssen, sondern wieder das alte Leben führen zu können, das noch keine Frage hatte...

Deswegen ist es so wichtig, aufrichtig an der Welt und ihrem Mangel an dieser Frage zu *leiden*. Die Seele muss sich an einem bestimmten Punkt absolut sicher sein, wo sie steht. Wenn sie dies nicht ist, wird sie schwankend werden – und sobald sie schwankt, wird sie wieder eingefangen werden. Der einzige Schutz ist die Sicherheit. Und die einzige Sicherheit ist das sichere *Leiden* an jeglichem Mangel an der wahren Frage. Erst wenn die Seele wirklich leidet, ohne diese Frage, wenn sie ohne diese Frage nicht mehr leben will, ist ihr neuer Standpunkt ein sicherer.

Mag die ganze Welt ohne die wesentlichste Frage leben – *ich* will es nicht mehr! Das ist der wahre Standpunkt der mutigen Seele, der das eigene Ringen nach Freiheit und nach einer wahren Antwort auf diese Frage wichtiger ist als alles andere.

*

Aber was ist in diesem Moment geschehen? Etwas unendlich Wichtiges, etwas nahezu Unglaubliches.

Die Seele hat eine *Entscheidung* getroffen. Sie hat sich selbst in voller Freiheit entschieden, was ihr wichtiger ist als das andere. Und selbst wenn sie gar nicht anders gekonnt hätte, weil sie eben diesen Punkt erreicht hat – sie hat dennoch zu sich selbst gestanden und sich nicht wiederum verleugnet. Sie hat den Mut gefunden, diese Frage, die ihr so unendlich wichtig ist, wirklich zu leben, nicht davor zu fliehen. Sie hat sich zu der Frage und zu sich selbst bekannt...

Und in diesem Moment ist ihr etwas heilig geworden – nämlich diese eine Frage, die doch nur Anstrengung und Unbequemlichkeit verheißt, zunächst. Indem die Seele trotz allem diese Frage nicht wieder *verrät*, sondern an ihr *festhält*, und lieber alle eigene Bequemlichkeit aufgibt, überwindet sie sich selbst und erhebt etwas in einen Zustand, für den es nur dieses Wort gibt: es wird ihr heilig.

Was ist der Seele heilig? Dasjenige, was sie selbst sogar über sich selbst erhebt, und zwar vollkommen bewusst.

Damit geschieht etwas Unendliches. Denn die Seele durchbricht in diesem Moment alle Narrative. Nicht mehr folgt sie dem, was die Welt vorschreibt – sondern sie schlachtet alle ‚heiligen Kühe' und erkennt nur noch an, was ihr *selbst* heilig ist, nun aber wahrhaft heilig...

Mag alle Welt also ihren eigenen ‚Göttern' hinterherrennen, mögen diese ‚Selbstverwirklichung' oder ‚Job-und-Familie' oder sonstwie heißen – die Götter der Werbung und des Bürgertums und noch andere –, die Seele erlebt von nun an den Unterschied zwischen aufgezwungenen mächtigen Götzen und selbst erlebten heiligen Fragen. Das eine ist der Seele von nun an *wirklich* heilig – das andere steht in der Welt nur mit einer ungeheuren Suggestionskraft und mit einem ungeheuren Anspruch. Anspruch und Wirklichkeit... Die Seele kann beides nun unterscheiden. Und genau hier liegt der Punkt ihrer Freiheit. Sie *selbst* hat sich erwählt, was ihr heilig ist. Und sie geht ihren Weg, und der Stern ihrer heiligen Frage leuchtet ihr voran... Es ist *ihr* Stern, und niemand kann ihr dessen Heiligkeit nehmen...

*

Alle wirklich wichtigen Fragen können nur von Dir selbst beantwortet werden, o Seele! Für alle wichtigen Fragen hat keine Antwort irgendeinen Wert, die Du nicht selbst gefunden und gegeben hast, das weißt Du doch, das fühlst Du doch...?

Alle heiligen Fragen brauchen den vollen Mut und die volle eigene, einzelne Verantwortung. Was für den einen wahr ist, ist für den anderen nicht wahr – und selbst wenn es so wäre, müsste doch auch der andere selbst um die gleiche Antwort kämpfen, damit sie auch für *ihn* wahr ist...

Wahre Antworten können niemals kollektiv gefunden werden. Immer nur in der vollen Verantwortlichkeit jeder einzelnen Seele. Und daran erkennt man heilige Fragen: An der Tatsache, dass eine von jemand anderem gegebene Antwort keine wirkliche Antwort für die eigene Seele ist... Erst wenn es auch *meine* Antwort ist...

Man kann es auch von der Frage selbst aus betrachten – also nicht von der eigenen Seele aus, sondern von der Frage aus. Eine heilige Frage ist deshalb heilig, weil ihr eine einmalige Antwort nicht genug ist. Die heilige Frage möchte auch *Deine* Antwort haben. Denn der heiligen Frage bist Du genauso wichtig wie ein anderer. Wenn nur der andere sie beantwortet, reicht dies nicht. Du selbst sollst sie beantworten, mit Deiner Antwort. Für die heilige Frage ist die einzelne Seele genauso wichtig, wie *sie* es für die einzelne Seele ist.

Aber für die Seele selbst ist nichts wichtiger, als wieder zu erleben – wiederzufinden –, was eigentlich *das Heilige* ist. Und sie erlebt es zuerst an der einen Frage, die sie sich selbst als etwas Heiliges erwählt hat – als etwas Heiliges, weil sie sogar bereit ist, über sich selbst hinauszuwachsen, um der Frage treu zu bleiben...

Dieser Schritt, diese Entdeckung des Heiligen, ist so wesentlich, dass die Seele eigentlich nur dabeibleiben müsste, um auf ihrem Weg immer weiter zu kommen – ohne dass sie irgendjemand oder irgendetwas aufhalten könnte. Nur bei diesem Erleben müsste sie bleiben: Da ist mir etwas heilig... Was ist das eigentlich? Was ist eigentlich das Heilige...?

Dies müsste eigentlich ihre neue Frage werden: Was ist eigentlich das Heilige? Warum kann ich etwas als heilig erleben? Was ist das...

Es scheint, als würde die Seele damit von ihrer eigentlichen Frage – der nach dem Sinn – abkommen. Aber das stimmt nicht. Die neue Frage hat mit der ersten ganz und gar zu tun. Es ist, wie wenn die erste Frage dadurch, dass die Seele dahin gekommen ist, sie wirklich als heilig zu empfinden, die Seele ihrerseits dahin geführt hat, der Antwort einen Schritt näher zu kommen. Die Seele hat die Frage geheiligt – und die Frage heiligt die Seele dadurch, dass sie ihr den ersten Schritt zu ihrer Antwort schenkt...

Wir stoßen nun an bestimmte Strömungen, die ebenfalls etwas suchen, was man ‚Erleuchtung' nennt – aber das Ende des letzten Kapitels setzt hier bereits einen gewissen Gegensatz, und es ist nicht unwichtig, diesen Gegensatz zu begreifen. Denn die Seele soll ja frei werden und erkennen, welchem Weg sie folgt und welche anderen Wege es auch gibt.

Die Frage nach *Sinn* ist bereits eine spirituelle Frage – denn sie geht über alles Gewöhnliche und alles, was einem die zunächst vorgefundene Welt beantworten kann, hinaus. Und natürlich haben auch alle spirituellen Strömungen irgendwie mit dieser Frage zu tun. Und nun gibt es unter diesen einige, für die die Frage nach ‚Erleuchtung' letztlich sehr einfach ist.

Diese Strömungen machen ebenfalls deutlich, dass man die Illusionen der gewöhnlichen ‚Narrative' hinter sich lassen muss, um zu erwachen. Aber in der ‚Erleuchtung', so sagen diese Strömungen, bleibt auch alles andere hinter einem zurück – alles Denken, alles Persönliche, überhaupt alles. Und sie wollen zur Erleuchtung führen, indem man dies alles eben ablegt. Und wenn ich zuvor schrieb:

Sie weiß es, weil sie sicher weiß, dass der Sinn das wahrhaft *Erfüllende* wäre. Und immer wenn sie dann erlebt, dass etwas nicht wahrhaft erfüllend ist, dass es doch noch immer eine Leerstelle hinterlässt, ein Gefühl der Leere, der Lücke, der Unvollkommenheit ... weiß sie, dass ihre Suche noch immer ohne Antwort ist. Der Sinn wäre das wahrhaft Erfüllende, wäre die volle Antwort. Die Frage wäre zu Ende, weil die Antwort sie erfüllen würde, ‚bis an den Rand' und sogar darüber hinaus. Das Ende der Frage, der Beginn der Antwort, die aber zugleich die Fülle ist. Sinn... Die Seele weiß ganz genau, was Sinn ist, *der* Sinn. Es ist ihre tiefste Suche...

– so würden manche dieser Strömungen antworten: Dein wahres Problem ist die Suche selbst. Höre auf zu suchen. Bevor du nicht aufhörst, wirst du auch nie finden.

Es gibt ein Erleuchtungserlebnis, wo alles Denken, alles Persönliche aufhört, wo nur noch das ganze Sein wahrgenommen wird – und die Vereinigung mit diesem, weil niemand mehr da ist, der eine Vereinigung fühlen müsste. Es gibt ‚nur noch das'... Der Gegensatz von Ich und Welt ist sozusagen nur so lange vorhanden, wie an der ‚Illusion' des Ich festgehalten wird. Wird dieser ‚niedere' Standpunkt überwunden, zumindest für den Moment der Erleuchtung, ist alle Trennung aufgehoben – und damit natürlich auch jede Frage. Das All-Eins-Bewusstsein hat keine Frage mehr. Wozu auch? Es ist alles...

*

Es mag solche ‚Erleuchtungen' geben. Um diese geht es in diesem Buch aber nicht. Zum einen bin ich felsenfest überzeugt, dass das eigentliche Ich nicht nur ein ‚Irrtum der Natur' ist, sondern dass gerade in der *Individualität* und ihrem Werden ein tiefer Sinn liegt. Zum anderen habe ich bisher festgestellt, dass viele derer, die die oben angedeutete Erleuchtung vertreten, in ihrem gewöhnlichen Leben nichts von ihrer gewöhnlichen Art, der ganz gewöhnlichen Arroganz des unverwandelten Individuums verloren haben – und sogar meinen, Erleuchtung hätte nichts mit irgendeiner moralischen Verwandlung zu tun. Damit aber hat diese Art von ‚Erleuchtung' für mich jeglichen Wert verloren. Denn welchen Wert sollte irgendeine Erleuchtung haben, wenn die Individualität, die aus diesem einen Moment wieder herausfällt, letztlich moralisch genau dieselbe geblieben ist, allenfalls noch die Meinung gewonnen hat, sie müsste auch überhaupt nichts an sich ändern?

Diese Art von ‚Erleuchtung' vernichtet den Sinn gerade – denn dann gibt es nur noch diese angebliche völlige ‚Erleuchtung', und alles andere ist belanglos geworden.

Eine Variante dessen ist, dass andere Vertreter solcher Strömungen sehr wohl bemüht sind, hier auf Erden so etwas wie ‚Liebe' und ‚Wohlwollen' zu verbreiten, von der Erleuchtung aber ganz ähnlich sprechen. Das hört sich dann etwa so an, dass überall ‚Geist' wirkt und dass wir eigentlich auch schon alle ‚vollkommen' sind, sogar schon ‚erleuchtet', dass wir es eigentlich nur noch bemerken müssten. Alles ist, wie es ist, alles ist wunderbar – nur das Aufwachen für diese Tatsache fehlt noch...

Vieles davon ist sicherlich wahr – und doch machen es sich diese Strömungen viel zu einfach. Und dies korrespondiert wieder mit der geradezu einfältigen Betonung des ‚Alles ist Geist, alles ist Geist'. Neben der Flucht vor dem Geist und vor der wahren Frage gibt es auch eine Flucht *in* den (vermeintlichen) Geist und in die eigene (vermeintliche) Erleuchtung. Auch hier lauern die größten Illusionen. Man mag irgendwelche Erleuchtungserlebnisse gehabt haben – glaubt aber dann sogleich, wer weiß wie erleuchtet zu sein. Auf dem Gebiet der ‚Erleuchtung' ist der Hochmut sehr oft nicht geringer als im gewöhnlichen Leben, nur mit umgekehrtem Vorzeichen.

Wie dem auch sei – in diesem Buch wird nicht ein Weg zu irgendeiner einfachen ‚Erleuchtung' gesucht, sondern der Weg zur Seele der Zukunft. Dieser hat ganz und gar mit einer tiefen, immer mehr wachsenden Moralität zu tun. Diese ist dabei ganz in einem realen Sinne gemeint. Nicht eine vorgegebene Moralität ist es, sondern eine wahrhaft innere. Die Seele der Zukunft *ist* tiefste Moralität.

Was würde alle ‚Erleuchtung' nützen, wenn nicht in der Seele das tief *Moralische* wachsen würde? Sie hätte in Wirklichkeit dann nicht den geringsten Sinn. Hier scheiden sich dann die Geister. Wir sind nicht auf der Suche nach irgendeiner solchen ‚Erleuchtung', sondern nach der Seele der Zukunft. Und unser Weg führt an dem Geheimnis des Moralischen nicht vorbei, sondern mitten hindurch...

Es gibt spirituelle Strömungen, die sich zur ‚Erleuchtung' erheben wollen und dabei die Seele immer mehr und mehr vergessen, als unwesentlich zurücklassen. Wir gehen einen Weg, in dem die Seele gerade im Mittelpunkt steht. Wir suchen gerade die *Seele der Zukunft*. Wir suchen keine Zukunft ohne Seele und keine seelenlose Zukunft, so erleuchtet sie auch sein mag – wir suchen eine Zukunft mit Seele. Und unser Weg führt daher zu einer *Vertiefung* der Seele, einer unbeschreiblichen Vertiefung...

Den ersten Schritt zu dieser Vertiefung hat die Seele bereits vollbracht, als sie etwas, was in ihr lebte – die Frage –, heilig werden ließ. Als sie wieder lernte, etwas heilig zu halten. Von da an ist es nur ein kleiner Schritt, dies auch zu *empfinden*: das Heilige. Dass etwas heilig ist. Und was das eigentlich ist: heilig...

Und dann stehen wir vor dem Mysterium, vor dem heiligen Geheimnis des Fühlens und Empfindens *selbst*.

Denn – ist es nicht ein Wunder, dass die Seele so etwas kann: fühlen, empfinden? Die Seele kann fühlen! Und sie kann sogar das Heilige fühlen. Ist das dann subjektiv oder objektiv? Ist es dann wirklich heilig – oder redet sie sich nur etwas ein?

Genau um diese Frage geht es bei der Seele der Zukunft. Ein entscheidender Schritt in diese Zukunft und ihre Seele wird sein, das Dogma der bloßen Subjektivität der Gefühle als weiteres, mächtiges ‚Narrativ' zu entlarven. Wir werden noch sehen, welche ungeheuren Auswirkungen dieses Dogma bis heute gehabt hat und noch immer hat.

*

Die Seele hat sich eine wesentliche, die allerwesentlichste Frage zu ihrem Leitstern erwählt. Sie möchte nicht mehr zurücksinken in die Dumpfheit. Sie möchte die Frage nach dem *Sinn* nie wieder aus dem Auge und aus dem Herzen verlieren. Diese Frage ist ihr heilig geworden, die Suche nach einer Antwort auch. Die Seele weiß nun wieder, was das ist: heilig – denn sie hat es in ihrer eigenen Seele zum ersten Mal wieder wahrgemacht...

Aber *ist* die Frage nun heilig – oder hat die Seele sie nur auf ihren subjektiven Thron gehoben?

Redet die Seele sich etwas ein, wenn sie diese Frage heilig nimmt? Oder ist es einfach ihr ‚Privatvergnügen', diese Frage heilig zu nehmen oder auch nicht? Oder *erkennt* die Seele, die so empfindet, die Heiligkeit dieser Frage – während andere Seelen noch nicht so weit sind?

Es ist wichtig, den Unterschied dieser Alternativen voll zu verstehen und seine Bedeutung zu erleben. Im einen Fall sagt das Empfinden der Seele nichts über die ‚objektive' oder ‚wahre' Wirklichkeit – im anderen Fall hat die Seele im Fühlen gerade ein lebendiges Organ für diese Wirklichkeit.

*

Die letzten Jahrhunderte der Naturwissenschaften und ihrer Entwicklung haben jegliche Objektivität des Fühlens scheinbar ganz umgestoßen. Zum einen empfindet jeder einzelne Mensch in unzähligen Fragen völlig anders als andere, unzählige Fragen sind scheinbar ‚reine Geschmackssache'. Zum anderen haben Anatomie, Neurophysiologie und so weiter deutlich gemacht, dass die Sinneseindrücke und die sich daran anknüpfenden seelischen Empfindungen nichts mit den ‚objektiven' Vorgängen in der atomaren Außenwelt und der neuronalen Innenwelt zu tun haben. Kurz gesagt: Die Seele mag empfinden, was sie will. Sie sollte sich nur nicht darüber hinwegtäuschen, dass die ‚eigentliche Wirklichkeit' nur aus Atomen und Nervenbahnen besteht...

Kommen wir zu dem zweiten Einwand zuerst. Dieser Einwand beruht auf der völlig reduktionistischen Sichtweise der Naturwissenschaft, die schon etwa Mitte des 19. Jahrhunderts einen radikalen Höhepunkt erreichte. Nach dieser Sichtweise sind eben nur die Atome real. Schon ein Leib ist nur eine Ansammlung von Atomen und chemischen Prozessen, und so ist auch der Mensch nur ein Fleischbrocken, seine vermeintlichen Wahrnehmungen sind reine Illusionen – führend zu Vorstellungen, wo in Wirklichkeit bloß Atome sind, nichts weiter. Gefühle sind demnach auch nichts anderes als Illusionen – hervorgerufen von Wechselwirkungen auf atomarer und chemischer Ebene, einschließlich bestimmter Hormone etc. etc.

Verantwortungsvollere Wissenschaftler, die sich der Grenzen der Aussagefähigkeit ihres Gebietes bewusster sind als die krassen Materialisten, haben längst darauf hingewiesen, dass dieser Reduktionismus selbst einem logischen Fehlschluss unterliegt. Man kann nämlich *eine* Realität niemals dadurch leugnen, dass man sie auf die *andere* Realität zurückführt und reduziert. Die Wahrnehmungen und Empfindungen eines Menschen sind *genauso* eine Realität wie atomare, chemische oder andere Vorgänge. Das Rot ist nicht weniger real als irgendwelche Moleküle – es ist einfach eine völlig andere *Ebene.*

Vorgänge in meinem Auge mögen notwendig dafür sein, dass ich das Rot *wahrnehmen* kann – aber sie *sind* nicht das Rot. Vorgänge in meinem Gehirn mögen notwendig dafür sein, dass ich bestimmte Gedanken denken kann, aber sie *sind* nicht meine Gedanken. Ein Körper mag notwendig dafür sein, dass ich mich auf Erden als ein Wesen offenbaren kann, aber das *bin* ich nicht.

Die Seele braucht einen Leib, um Wahrnehmungen zu haben, aber sie *ist* nicht der Leib. Und an die Wahrnehmungen, die mit Hilfe des Leibes gemacht werden, knüpfen sich Empfindungen – und das ist bereits die Antwort der Seele auf das, was wahrgenommen wurde.

Insofern sind Empfindungen auch subjektiv, weil sie die Antwort der Seele auf das Wahrgenommene sind. Aber sie sind nicht *nur* subjektiv – denn sonst wären die Antworten der verschiedenen Seelen grenzenlos unterschiedlich.

Jede Seele kann *nachempfinden*, warum bestimmte Farben als ‚warm' und andere als ‚kalt' bezeichnet werden können. Jede Seele weiß, was Mitleid ist – und kann es empfinden, wenn sie noch Seele ist. Die individuelle Färbung und Intensität mag individuell sein – und damit subjektiv, vom Subjekt abhängig –, aber die Empfindung selbst, ihr eigentlicher Charakter, ist objektiv.

Darüber hinaus kann sich die Seele zu einer zunehmenden Objektivität ihrer Empfindungen ‚erziehen'. Sie kann lernen, ihren subjektiven Anteil immer mehr schweigen zu lassen. Goethe drückte es wunderbar aus, als er sagte, der Naturwissenschaftler solle untersuchen, ‚was ist und nicht was behagt'. Und Goethe untersuchte unter anderem das objektive Wesen der Farben – ihre sinnlich-sittliche Wirkung, wie er es nannte. Es ging ihm dabei nicht etwa um Geschmacksfragen, sondern um die objektive Wirkung einer Farbe auf die Seele – etwas, was auch längst verschiedene Therapierichtungen entdeckt haben.

Man bräuchte darüber gar nicht viele Worte zu verlieren, wenn das Dogma von der absoluten Subjektivität der Seele nicht so mächtig wäre. Dieses Dogma ist aber absolut unwahr. Die Seele hat einen subjektiven Anteil – sie ist aber ebensogut ein Organ für die objektive *Wirklichkeit*. Wenn eine Seele etwa den Hochmut einer anderen Seele empfindet, empfindet sie nicht subjektiv irgendetwas, sondern eine *Wirklichkeit*. Ihre Reaktion auf diesen Hochmut ist dann ihr eigener, subjektiver Anteil. Ob sie diesem Hochmut ablehnend, gütig, neutral oder sonstwie begegnet, ist ihre freie oder vielleicht auch unfreie Entscheidung. Dass sie ihn aber *wahrnimmt*, ist ihre Fähigkeit, mit der objektiven Wirklichkeit in Verbindung zu sein und diese zu empfinden.

Wenn eine Seele wahrnimmt, dass ‚Geld die Welt regiert', so hat sie ebenfalls eine objektive Wahrnehmung – auch wenn ihr subjektiver Anteil diese Wahrnehmung verschieden auslegen, beurteilen und gewichten kann. Es gibt in der Welt auch noch andere Impulse. Diese zu sehen oder nicht zu sehen, gehört ebenfalls in den Bereich der Selbsterziehung der Seele zu objektiven, tiefen Wahrnehmungen. Dass aber die Macht des Geldes in unserer Welt sehr groß ist, ist nicht zu leugnen. Eine Seele, die dies wahrnimmt und *erlebt*, hat in dieser Hinsicht eine objektive Empfindung.

*

Kehren wir nun zu unserer ursprünglichen Frage zurück.

Die Seele hat in einem längeren, auch schmerzvollen Prozess die Frage nach dem Sinn zu einer für sie heiligen Frage gemacht. Sie misst ihre eigenen Taten und das Geschehen in der Welt an dieser Frage. Es ist ihr eine heilige Frage geworden, um deretwillen sie auch Anstrengungen oder gar Ablehnung nicht mehr scheut. Sie ‚spielt' nicht etwa mit der Frage nach dem Sinn – es ist für sie eine existenzielle Frage, eine ernste Frage. Sie empfindet sie in diesem Sinne längst als heilig.

Und nun sei noch einmal gefragt: Redet die Seele sich damit etwas ein? Ist es einfach ihr ‚Privatvergnügen', diese Frage heilig zu nehmen oder auch nicht? Oder *erkennt* die Seele, die so empfindet, die Heiligkeit dieser Frage – während andere Seelen noch nicht so weit sind?

Ein materialistischer Naturwissenschaftler würde antworten: Die ‚Frage nach dem Sinn' ist in der objektiven Wirklichkeit nicht zu finden, da gibt es nur Atome. Es gibt also keinen Sinn.

Diesem Naturwissenschaftler wäre zu antworten: Selbst wenn du nur an Atome glaubst, weißt du nicht, ob dahinter nicht doch ein Sinn und sogar eine ganze Welt von Wesen steht – du kannst dies alles einfach nicht messen und mit keinem deiner Geräte erfassen. Was aber, wenn die Seele einen Sinn gerade für *dies* entwickeln könnte? Und so, wie du argumentierst, musst du auch dich selbst leugnen – denn auch da, wo du dich im Moment empfindest, gibt es nur Atome...

Die Tatsache, dass zunächst nur manche Seelen ganz direkt die Frage nach dem Sinn in sich tragen, lässt einen schnell meinen, es wäre daran doch deutlich, dass es um ein subjektives Geschehen gehe.

Subjektiv daran ist jedoch nur der Zustand, in dem die einzelne Seele sich zunächst befindet. Wenn die Intensität, in der diese Frage in einer Seele leben kann, von der inneren Entwicklung dieser Seele abhängt, dann ist der verschiedene Grad dieser Entwicklung den individuellen Unterschieden der Seelen geschuldet. Die Frage selbst kann dann nichts dafür, dass sie in den verschiedenen Seelen unterschiedlich lebt. Für die wahre Bedeutung der Frage spielt es keine Rolle, welche Bedeutung die einzelnen Seelen dieser Frage zunächst geben. Dieses ‚Zunächst' ist ganz und gar von dem jeweiligen Stand der inneren Entwicklung abhängig. Aber man könnte voraussagen, dass der Stellenwert der Frage in dem Maße zunimmt, wie die innere Entwicklung der Seele voranschreitet.

So gesehen ist diese Frage nur so lange ein ‚Privatvergnügen' der Seele, bis sie aufgrund ihrer inneren Entwicklung gar nicht mehr anders kann, als diese Frage existenziell zu *haben*. Dann wäre die Seele dazu geschaffen, sie an irgendeinem Punkt ihrer Entwicklung in jedem Fall zu empfinden – und dies immer stärker. Dann wäre diese ganze Entwicklung objektiv – und die Seele würde in ihrer Entwicklung einfach nicht weiterkommen, solange sie diese Frage noch nicht empfindet.

Von außen lässt sich diese Frage nicht beantworten – nur von innen.

Die, die die Frage nach dem Sinn verlachen, verharrend in ihren Gewohnheiten und gewöhnlichen Narrativen, sprechen sich im Grunde ihr eigenes Urteil – geben sie doch durch ihr Verhalten nur zu erkennen, an welchem Punkt *sie* eben stehen(bleiben).

Aber was ist damit gesagt? Es ist damit auch gesagt, dass die Seele, die die Frage nach dem Sinn immer existenzieller erlebt, keineswegs nur einem Privatvergnügen folgt, sondern die Bedeutung, ja die Heiligkeit dieser Frage immer objektiver *erlebt*. Dass also die eigentliche Objektivität darin besteht, diese Frage erleben zu *können*.

Das zunehmende Erleben der Heiligkeit dieser Frage entspricht dann einem zunehmenden Hineinwachsen in die wahre Wirklichkeit...

Wir wollen genau dies ernst nehmen – und dem eingeschlagenen Weg weiter folgen.

Indem die Seele die eine, wichtigste Frage immer mehr als wichtig, als heilig empfindet, findet sie ganz anfänglich das Mysterium des Fühlens selbst wieder.

Sie wird zunächst überhaupt nicht bemerken, was hier geschieht – aber sie sollte sich dieses Wunder bewusst machen. Die Seele schenkt einer Frage mehr und mehr eine heilige Bedeutung, weil sie diese heilige Bedeutung mehr und mehr empfindet. Aber das Wunder ist, dass sie dies überhaupt *kann*: dies empfinden – und es auch wirklich wahrmachen, als eigene Empfindung.

Welche Seele kann denn wirklich noch etwas Heiliges empfinden? In einer Welt, in der das Heilige im Grunde radikal verlorengegangen ist? Vielleicht braucht es dann den Rückgang bis zur wirklich letzten Frage, um wieder dahin zu kommen. Aber wenn man wieder dahin kommt, ist etwas Großartiges geschehen. Denn dies darf nicht verlorengehen: das Empfinden des Heiligen. Dies gerade *ist* die Zukunft. Eine Welt, in der die Seelen das heilige Empfinden ganz verloren hätten, hätte die Zukunft selbst verloren...

*

Was ist eigentlich ‚das Heilige'? Das, was die Seele als heilig empfindet, daran geht sie nicht einfach so vorüber. Das, was die Seele heilig hält und als heilig erkennt, das stellt sie sogar über sich selbst, in gewisser Weise. Sie begegnet ihm mit der tiefsten Achtung, weil sie seine Bedeutung erkennt...

Man kann sogar das alte Wort ‚Ehrfurcht' nehmen. Dieses Wort versinkt heute in der Vergessenheit, weil die Empfindung selbst dies auch tut. Wir können aber wieder ihre wahre Natur erkennen. Die wahre Empfindung der Ehrfurcht ist etwas Wunderbares. Sie hat nichts zu tun mit Angst oder Gehorsam gegenüber einer äußeren Macht – sondern sie ist die natürliche Regung der Seele gegenüber dem *Heiligen*. Die Seele nimmt etwas Heiliges wahr – und ihre natürliche, innerste Regung ist die Ehrfurcht.

Natürlich verschwindet diese Empfindung, wenn die Welt völlig entheiligt wird. Wenn die Seelen sich daran gewöhnen, nichts Heiliges mehr zu empfinden und auch nichts dergleichen anzuerkennen. Aber dann *sehen* sie es eben auch nicht mehr. Und ihre Seele wird um eine Empfindung ärmer, vielleicht um die allerwertvollste...

Die Seele antwortet dem Heiligen gegenüber mit der natürlichen Empfindung der Ehrfurcht. Aber wenn sie alle Dinge *ent*heiligt, dann braucht sie diese Empfindung nicht mehr – und irgendwann vermag sie sie nicht einmal mehr zu empfinden.

Wir brauchen nur daran zu denken, wie in früheren Zeiten eine Seele etwa eine Kirche betreten konnte und *unmittelbar* eine Empfindung von Ehrfurcht hatte – weil noch ein ganz und gar lebendiger Bezug zum Heiligen da war. Demgegenüber können wir an heute denken, an eine beliebige, gewöhnliche Seele, die eine Kirche betritt, etwa als Tourist oder einfach so – und die dann denkt und empfindet: ‚Na und...?' Das heißt, die Empfindung bleibt kalt, leer, die Seele bleibt empfindungslos. Sie kann nicht einmal mehr *nachvollziehen*, was eine Seele in früherer Zeit an demselben Ort empfunden haben mag...

Das ist im Grunde das Sterben der Seele – das Absterben ihres Gefühls. Das Gefühl wird etwas Totes. Bestimmte Empfindungen können überhaupt nicht mehr empfunden werden. Empfunden werden kann nur noch das Gewöhnliche, das

‚Moderne', das Coole, das Schnelle, das auf Genuss und auf Zweckerfüllung Geeichte.

*

Hier sind wir an einem sehr wichtigen Punkt, der wieder eine Entscheidung der Seele verlangt.

Die Seele kann so bleiben, wie sie ist. Oder sie kann sich selbst völlig verwandeln. Vielleicht beantwortet sich eine heilige Frage nur, wenn man selbst einen heiligen Weg betritt... Oder vielleicht findet die Seele auf einem solchen Weg *mehr* Erfüllung als auf jedem anderen Weg – und vielleicht beantwortet sich die Frage *dadurch* allmählich, ebenfalls ganz real. Vielleicht kann die Seele empfinden, dass sie angesichts einer heiligen Frage nicht dieselbe bleiben *kann*, wenn sie die Hoffnung auf eine Antwort haben will... Oder sie kann die Sehnsucht nach einer inneren Entwicklung empfinden, weil die Frage etwas in ihr angestoßen hat...

Kann eine Welt Sinn haben, in der es nur alte, verkrustete, dogmatische Narrative gibt – die immer weniger tragen, je mehr ihr dogmatischer Charakter offenbar wird? In einer Welt des Handy-Konsums, des grenzenlosen Genusses, des Terrorismus und der neuen Rohstoff-Kriege, der Naturzerstörung und der nationalen und individuellen Egoismen kann es keine herkömmliche Moral mehr geben. Sie löst sich gleichsam in Staub auf, wie eine jahrtausendealte Mumie.

Man kann angesichts dieser Realität um so mehr in das persönliche bürgerliche ‚Glück' oder aber in den zynischen oder völlig neutralen Egoismus flüchten, und das tut die große Mehrheit. Sie folgt den herrschenden Narrativen, passt sich an, steckt entweder den Kopf in den Sand oder geht ganz progressiv mit der ‚Moderne', mit der Technik – voran, vo-

63

ran, in Richtung Selbstvermarktung, Genuss-Optimierung, Anpassung an die unvermeidliche Entwicklung, die immer weitergeht. Nicht stehenbleiben, mitschwimmen – und auch die Seele schwimmt unbemerkt mit. Wird immer leerer, immer schneller, hektischer, egoistischer, flattriger. Wir leben in einer Welt, in der das Mitmenschliche immer weniger wert ist – und die Entwicklung der Seelen spiegelt dies wider.

Aber in den meisten Seelen und Herzen wird doch irgendwo empfunden, dass dies ein riesiger Irrtum ist, ein unermesslicher Fehler, ein Weg in den Abgrund, eine ungeheure Tragik.

Und dass die wahre Moralität der Zukunft eine sein muss, die unmittelbar in der Seele selbst lebt, unabhängig von aller äußeren Moralität. In der Außenwelt stirbt die Moralität, dort wird sie ausgelöscht. Auferstehen, von neuem, kann sie nur ganz aus dem Menscheninneren heraus. *Hier* lebt die Seele der Zukunft – ganz innen. Das Moralische wird ganz und gar aus einem neuen Denken und Fühlen und Wollen heraus kommen – oder es wird nicht mehr existieren...

In der äußeren Welt wird das Moralische heute mit Füßen getreten. Es wird verspottet, es wird sich darüber hinweggesetzt. Selbst Gesetze werden umgangen, aufgeweicht, ausgehebelt. Korruption blüht, Gewalttätigkeit nimmt zu, das Moralische in den Seelen stirbt – und die Seelen sterben mit, denn was sind sie ohne das Moralische? Ich meine aber das Moralische in jeder einzelnen Empfindung...

Und die Frage entsteht: Bin ich bereit, ein neues Denken und Fühlen zu entwickeln – bin ich bereit, der ganzen, erschreckenden Gewöhnlichkeit der heutigen Seele ins Auge zu sehen und zu lernen, darunter zu leiden? Bin ich bereit, ein völlig neues Seelisches zu entwickeln, mich zunächst danach zu sehnen, weil ich es noch nicht habe? Bin ich bereit, der Seele eine neue Zukunft zu bereiten – und der Zukunft eine *Seele* zu geben?

Bin ich bereit, zu ahnen, dass der Sinn genau *hier* liegt – hier, mitten in mir und in jeder anderen Seele, die bereit ist, sich auf den Weg zu machen, innerlich, in einem Gralsgeschehen, das gleichsam ein ganz und gar lebendiger, realer Kampf zwischen Gut und Böse ist, weit mehr als ‚Herr der Ringe'?

Bin ich bereit, zu erkennen, dass der Kampf um die Zukunft und um ihre Seele – ebenso wie die Zukunft *meiner* Seele – sich genau hier entscheidet? Und dass diese Frage die wichtigste ist?

Dieser Weg ist nichts für Menschen, die sich an ihrer Bierflasche oder am abendlichen Krimi oder an was für trivialen, armseligen Gewohnheiten auch immer festhalten müssen. Dieser Weg ist etwas für die wahrhaft mutigen Seelen, die in ihrem Innersten spüren, dass für das Schicksal der gesamten Zukunft *auch auf sie* gezählt ist...

*

Die Seele der Zukunft wird Licht und Wärme da haben, wo heute Gleichgültigkeit in der Seele herrscht, tiefe Zuneigung und Liebe da, wo heute nur oberflächliche Sympathie ist; aufrichtige Wahrhaftigkeit, wo heute unverbindliche Verantwortungslosigkeit lebt; lichte, heilige Gedanken da, wo heute allenfalls triviale und profane Begriffe hocken.

Alles in dieser Seele der Zukunft wird eingetaucht sein in eine tiefste Moralität, die aber ihre *eigene* sein wird, von niemandem verlangt, ganz und gar nur aus dem Inneren strömend...

Haben wir den Mut, uns auf den Weg in diese Zukunft zu machen – und dafür zu kämpfen, dass diese Zukunft einmal sein können wird?

Die Moralität der Seele ist unbegrenzt. Der Mensch kann in seiner Seele eine Moralität entwickeln, die bisher noch nie da war – in der ganzen Menschheitsgeschichte nicht. Die Zukunft ist *offen*. Und sie liegt in der Hand derjenigen Seelen, die sie mit einer Moralität erfüllen wollen, die tatsächlich noch nie dagewesen ist. Die Zukunft ist so offen wie die Entwicklungsfähigkeit der Seelen.

Was, o Seele, ist Deine Zukunft?

Die wahren Zukunfts-Seelen werden in der Zukunft Kriege beenden und Frieden säen. Sie werden reale Wärme in die Herzen senden – und einen *Frieden* verbreiten, der heute noch ganz unvorstellbar ist. Aber das werden die Seelen der Zukunft sein. Dies werden sie tun – denn sie werden es *können*. Und sie werden es können, weil sie es *heute* vorbereitet haben, jetzt, in unserer Zeit.

*

Für die Seelen der Zukunft wird auch die Idee der Reinkarnation, der wiederholten Erdenleben, also der Wiedergeburt, etwas Selbstverständliches sein. Es wird Seelen geben, die sich an ihre früheren Leben erinnern werden. Und so werden sich die Seelen mit der früheren Vergangenheit der Menschheitsgeschichte, aber auch der weiteren Zukunft innigst verbunden fühlen. Die zeitliche Schranke wird keine Schranke der Moralität mehr sein. *Ein* Strom inniger Verantwortlichkeit wird sich durch die ganze Geschichte hindurchziehen. Das jetzige Leben mag noch so vergänglich sein – die Verantwortlichkeit ist unvergänglich und unermesslich, immer. Was Du *jetzt* tust und was Du *jetzt* versäumst, hat für immer tiefste Auswirkungen... Die Seelen der Zukunft werden dies nicht nur wissen, es wird tiefste, heiligste *Empfindung* sein...

Nichts wird die Seelen, die wirklich Verantwortung übernehmen werden, daran hindern, mit aller Kraft für das Gute zu wirken – und das bedeutet, für eine lebendige, heilig sich vertiefende Moralität *in* den Seelen selbst. Diese Seelen werden einen *Mut* haben, den man sich heute noch fast nicht vorstellen kann.

Nicht an sich werden diese Seelen denken – sie werden wie eine Flamme sein, brennend, brennend für das Gute, für das Licht und die Liebe...

Und diese Seelen werden *alles* verändern. Ihnen wird die Zukunft zu verdanken sein. Ihnen allein. Sie werden die Seele der Zukunft sein...

Aber was *Du* sein willst, o Seele, das liegt auch nur bei Dir. Du wirst sein, was Du sein willst. Willst auch Du Dir eine unbeschreibliche Schönheit erringen? Eine lebendige Liebe zum Guten? Eine tiefe Fähigkeit des Empfindens? Ein reiches Leben voller Innerlichkeit? Auch Du würdest erleben, wie erfüllend all dies ist. Eine lebendig wachsende Moralität, eine lebendig sich vertiefende *Seele*.

Lebt in Dir eine Sehnsucht danach?

*

Vielleicht muss selbst die *Sehnsucht* zunächst erweckt und lebendig gemacht werden.

Vielleicht überfordert eine solche Perspektive zunächst – eine so reine Moralität. So rein, dass sie heute gleichsam noch niemand hat. Warum sollte man selbst sie dann entwickeln? Ist das nicht auch wieder viel zu anstrengend – vielleicht sogar übertrieben?

Diese Einwände macht jener Teil der Seele, der sich noch *nicht* entwickeln will, der vielmehr die Bequemlichkeit liebt und faul bleiben will. Der aber auch noch nicht die Bedeutung all dessen empfinden kann, der noch sehr dumpf vor sich hinlebt. Und zusätzlich gibt es Mächte in der Welt, die die Seele in dieser Stimmung halten wollen.

Dieser Teil der Seele kann zunächst scheinbar fast die gesamte Seele ausmachen – und viel größer und mächtiger sein als jener vielleicht winzige Teil, der sich für das innere Arbeiten an einer Verwandlung begeistern kann oder sich zumindest leise danach sehnt. Und doch kann der größere Teil nichts tun, wenn der kleinere Teil den Weg der Verwandlung betritt. Wenn er es wirklich tut, dann setzt der kleinere Teil eine Entwicklung in Gang, die die Kräfteverhältnisse allmählich entscheidend verändern wird...

Beginnen wir also mit diesem Weg – ändern wir die Kräfteverhältnisse.

*

Die Sehnsucht nach einer Verwandlung der Seele beginnt mit dem immer stärkeren inneren Erleben der Notwendigkeit dieses Weges.

Eine wachsende Sehnsucht *würde* die Seele aber bereits verwandeln. Und jede Verwandlung würde die Sehnsucht wachsen lassen. Die Seele muss nur beginnen – wo auch immer.

Es gibt dabei nur *ein* Hindernis für das Entfalten einer lebendigen, völlig neuen Moralität der Seele. Und dieses Hindernis ist der Selbstbezug der Seele. Jedes lebendige Empfinden, das wir als moralisch bezeichnen, verbindet die Seele mit der Welt, die sie umgibt. Jeder Selbstbezug hemmt dieses Empfinden. In dem Maße, in dem die Seele mit der Welt *mitfühlen* können würde, würde sich ihre Moralität lebendig vertiefen. Lernen wir also das Mitfühlen...

Das Geheimnis des Mitfühlens liegt nicht darin, möglichst viel Leid zur Kenntnis zu nehmen – denn das tun wir im Grunde Tag für Tag ... und stumpfen darunter längst ab. Das Geheimnis des Mitfühlens liegt gerade darin, innerlich *still* zu werden. Unsagbar still. Man kann lernen, sein Ich, sein Eigenwesen immer mehr schweigen zu lassen – und dann leise, vorsichtig, das Leid der Welt herankommen zu lassen.

Lernen wir also zuerst die Stille... In Wahrheit beginnt jede innere Entwicklung in der Stille. Eine Seele, die nicht lernt, die innere Stille wahrhaft zu lieben, wird sich nicht wirklich entwickeln können. Es ist zunächst eine Art Sich-Abschließen von der Welt. Aber in dieser Stille keimt die Wandlung. Denn diese Stille ist ein absolutes Innehalten, eine völlige Einkehr – und so auch eine Abkehr von sich selbst, von dem eigenen gewöhnlichen Ich. Die Stille ist der heilige Boden, in der die Verwandlung keimt...

Aber dann brauchen wir noch jene heilige Seelenstimmung, die wir schon einmal berührt haben: die Ehrfurcht. Sie muss noch gar kein deutliches Ziel haben – es reicht unendlich, wenn sie einfach nur als solche in der Seele anwesend zu sein beginnt. Die Seele wird still ... und sie taucht diese Stille in die Stimmung der Ehrfurcht, wie ein heiliges Warten...

Wie die Stille der heilige Boden ist, so ist die Stimmung der Ehrfurcht wie ein heiliger Keim, der in diesen Boden gesenkt wird...

*

Aber wenn die Seele diese Stimmung eben nicht mehr wahrhaft kennt? Wenn sie gar nicht mehr wahrhaft weiß, was diese wunderbare Stimmung der Ehrfurcht ist...?

Lernen wir also die Ehrfurcht...

Ehrfurcht ist die zarte Antwort der Seele auf das Heilige. Können wir dies nicht empfinden? Und können wir diese Stimmung dann nicht auch *für sich* in der Seele erwecken?

Als Kind kannten wir diese Stimmung noch.

Es mag einen Menschen gegeben haben, dessen *Raum* wir nur mit Ehrfurcht betraten, weil wir vor dem Menschen selbst die tiefste Achtung hatten... Und wir können uns in dieses Erleben des Kindes wieder versenken, um das *Wesen* dieser Empfindung wieder lebendig finden zu können.

Wir können zunächst auch an das Wunder des Weihnachtsbaumes denken. Hier ist unmittelbar deutlich, wie die reine Seele des Kindes tief auf das Erleben des *Heiligen*, des Wunderbar-Schönen, des wahrhaft Überirdischen antwortet. Der überirdische Glanz des Weihnachtsbaumes überstrahlt alles, was das Kind begreifen kann. Und auch hier mag zunächst eine *Tür* sein – und der Baum steht dahinter, und das Kind *weiß* bereits, dass dahinter das Wunder wartet. Und in heiliger *Ehrfurcht* steht es vor der Tür, und wenn sie sich öffnet, verschwindet die Ehrfurcht nicht, sondern das Kind betritt den Raum, in dem dieses heilige Wunder steht, mit den lebendigsten Empfindungen eben dieser Seelenregung: mit tiefer, heiliger Ehrfurcht...

Liebe Seele – nimm Dir Zeit!

Die Sucht nach neuen Eindrücken und die Flucht vor der Stille und dem intensiven Sich-Versenken ist heute so ungeheuer groß geworden, dass die Seele sich am Anfang geradezu zwingen muss, die Stille und das Sich-Versenken wieder *zuzulassen*.

Und man möchte auch gleichsam gar nicht mehr weiterschreiben, bis die lesende Seele sich diese so unendlich notwendige Zeit genommen hat und nimmt. Wenn ein Buch eine Zeitgestalt hätte, dann würde man immer wieder lange Zeit schweigen wollen – so dass auch der lesenden Seele gar nichts anderes bleibt, als selbst in das zuvor Beschriebene einzutauchen... Und in der direkten Begegnung könnte man es gemeinsam tun. So aber ist die schreibende Seele mit dem Buch allein – und die lesende Seele ist auch wiederum allein. Und doch wünscht die schreibende Seele der lesenden, dass sie sich unendlich viel *Zeit* nimmt, um all dies wirklich zu *erfahren* – und nicht nur zu lesen.

Nimm Dir also Zeit, liebe Seele, und tauche ein in Deine eigenen Kindheitserinnerungen. Suche mit aller Ruhe und aller Liebe zu diesem Bemühen jene Erinnerungen in Deiner eigenen Kindheit, wo Du dieses Erleben des Heiligen hattest. Wo Du es wirklich hattest, tief und aufrichtig.

Vielleicht musst Du danach lange suchen. Aber Du wirst es gewiss finden, Du wirst diesem Gefühl näherkommen. Und *wenn* Du es dann gefunden hast, in einem besonderen Moment dieser heiligen Kindheit, dann *versenke* Dich in diesen Augenblick! Suche das reine, möglichst tiefe Eintauchen, wirkliche *Wieder*-Erleben dieser einen Empfindung, in die die damalige Situation ganz eingetaucht und eingehüllt war...

Es gibt nur *einen* Weg, ein neues, tiefes inneres Leben zu finden – und das ist das wirkliche Finden eines verlorenen

Lebens der Seele. Gefunden werden kann dieses nur, wenn die Seele Empfindungen wirklich *hat*, immer tiefer, immer realer, als eine Wirklichkeit, in der sie *lebt*. Heute kümmert die Seele in einer blassen, fahlen, fast aller Tiefe entleerten Abstraktheit dahin. Entheiligt, flach, oberflächlich und in tieferer Hinsicht völlig leer... Aber es gibt ein wirkliches *Leben* der Seele – ein tiefes, ein sogar heiliges Leben. Und dies kann sie wiederfinden. Aber dafür muss sie auch den Mut haben, in ein wirkliches, wahres Leben wieder einzutauchen: in wirkliche, wahre Empfindungen. Und sich von diesen, von tiefen Empfindungen und Seelenstimmungen, ganz durchdringen und erfüllen zu lassen. Von einem heiligen *Lebenselement*. Mut braucht sie dafür – heiligen Mut...

*

Ehrfurcht ist die zarte Antwort der Seele auf das Heilige... Und zugleich *wird* die Seele durch ihre eigene Ehrfurcht geheilt – denn ihre eigene Ehrfurcht ist auch das zarte *Organ* für das Heilige. Wie sollte die Seele je Heiliges wahrnehmen können, wenn sie so etwas wie Ehrfurcht nicht mehr kennen würde, nicht mehr empfinden könnte? Die Seele, die sich zu dem Wieder-empfinden-Können von Ehrfurcht erzieht, erzieht sich zum Wieder-wahrnehmen-Können des Heiligen... Das Suchen nach dieser Empfindung und ihrer Vertiefung, aufrichtiger Ehrfurcht, öffnet die Augen der Seele...

Und...? Gab es einen *Menschen*, vor dessen Wesen wir gerade als Kind eine solche Ehrfurcht empfanden, dass dieses Gefühl immer wieder lebendig unsere Seele durchflutete, sobald wir uns seinem Raum näherten...? Ein Kind ist noch begnadet mit diesen heiligen Empfindungen. Es hat sie noch. Sie schenken sich ihm noch. Darum können wir uns *erinnern*. An jene Momente, in denen die noch viel reinere Kinderseele von diesen heiligsten Empfindungen erfüllt war. Solche Mo-

73

mente muss es gegeben haben. Und wenn nicht, können wir sie *trotzdem* suchen. Wir wissen, was Reinheit ist – wir wissen, wie eine reine Kinderseele gefühlt haben *müsste*. Wir können eintauchen in eine ganz und gar lebendige Vorstellung.

Dann ist da das Kind... Und es steht vor der Tür – vor der Tür des Raumes, hinter der jener Mensch vielleicht sein Arbeitszimmer hat. Es hat vielleicht eine Frage. Vielleicht kann es diese Frage nicht einmal aussprechen – vielleicht lebt sie nur in seiner Seele. Oder vielleicht möchte es diesem Menschen nur einmal nahe sein, denn in seiner kindlichen Seele lebt eben diese ganze Fülle der Ehrfurcht. Und darin liegt eben auch diese verehrende Liebe... Das Kind weiß noch nicht, was ein ‚Vorbild' ist. Aber sein ganzes kindliches Wesen blickt voller Verehrung zu diesem Menschen auf.

Verehrung, das ist der eine Teil der Ehrfurcht. Der andere Teil ist die *Scheu*, in der diese Verehrung in der Seele des Kindes lebt. Scheue Verehrung – die reinste Form der Verehrung überhaupt... Diese Scheu bedeutet, dass die Seele sich gar nicht würdig fühlt, dem so scheu verehrten Wesen unter die Augen treten zu dürfen. Schon gar nicht ‚einfach so'. Vielleicht stört man jenen so verehrten Menschen ja gerade. Vielleicht verhält man sich töricht. Vielleicht muss er jetzt gerade etwas sehr Wichtiges tun. Man steht vor der Tür dieses so innig verehrten Menschen – und schon die Tür wird einbezogen in diese tiefe Empfindungswelt. Schon sie gehört zu diesem heiligen Bannkreis. Außerhalb ihrer Nähe kann man ein ganz normaler Mensch sein. Aber in ihrer Nähe spürt man die ganze Welt dieses verehrten Menschen – und das Gewöhnlichsein hört auf. Man darf nicht gewöhnlich sein, denn dieser Mensch ist es auch nicht, ist das Gegenteil davon. Man wäre nicht würdig, sich ihm zu nähern, wenn man nicht auch selbst alles Gewöhnliche ablegen würde. Kommt man in die Nähe schon seines Raumes, erfüllt sich die ganze Seele bereits mit ... Ehrfurcht... Verehrung gegenüber diesem Menschen lebt in der Seele immer. Aber in seiner Nähe tritt dann die Scheu hinzu. Es ist wie der Übertritt von einer Welt in eine andere...

*

Eine Seele, die die Ehrfurcht nicht kennt, wird zu einer Gefangenen ihrer eigenen Profanität. Die Empfindung der Ehrfurcht verleiht der Seele *Tiefe*, das Verlieren dieser Empfindung spült die Seele langsam aber sicher an den Strand der Seichtigkeit. Eine Seele ohne Ehrfurcht wird oberflächlich, gewöhnlich, wird auch selbstbezogen, ja egoistisch.

Ehrfurcht heiligt die Seele. Es ist eine heilige Empfindung innerhalb der Seele, weil sie das Heilige *außerhalb* erkennt. Wie könnte man dem Heiligen gegenüber oberflächlich sein und empfinden? Ihm gegenüber ‚flüchtet‘ die Seele sich aufrichtig in die heiligste Empfindung, die sie hat. Und die Ehrfurcht schenkt der Seele Tiefe, weil sie, die Empfindung der Ehrfurcht, selbst Tiefe *ist*. In der Ehrfurcht findet die Seele jene Tiefe, die sie sonst immer verlassen hat...

Und doch kann es sein, dass die Seele diese Tiefe erst wieder lieben lernen, sich nach ihr sehnen lernen muss. Denn die Oberflächlichkeit und der Egoismus, in den sie sich hat treiben lassen, verwandelt die Seele, macht sie hässlich. Sie beginnt, gerade die Seichtigkeit zu lieben, die Bequemlichkeit, das Satte – und alles andere zu hassen, zu meiden, zu fürchten. Die seichte, satte Seele ist hässlich und zunächst ganz unfähig, das Heilige wiederzufinden. Sie lehnt es ja gerade ab, mit ihrem ganzen hässlichen Wesen, das sie geworden ist. Nie mehr wird sie das Heilige lieben können oder wieder lieben lernen können ... *wenn* sie nicht jenen Teil in sich findet, der es noch immer liebt und sich danach sehnt...

Und diese Sehnsucht wieder zu suchen, mit der dieser ganze Weg nur gegangen werden kann, ist ihre erste heilige Aufgabe. Die Suche nach der verlorenen Sehnsucht. Sogar *sie* ist verloren gegangen. Und doch ist sie irgendwo. Sie beginnt mit dem leisen Gefühl der Leere, der Sinnlosigkeit. Und dieses Gefühl ist berechtigt, denn die seichte Oberflächlichkeit der heutigen Seelen *ist* sinnlos. Ziel- und sinnlos dient sie nur dem eigenen Genuss und Egoismus – und die Seele *erstickt* gleichsam an ihrer eigenen Leere. Hier erwacht dann die leise Stimme jener Sehnsucht, die weiß, dass es noch etwas anderes gibt. Und diese Sehnsucht ist das Rettende. Aber dafür muss die Seele nun wiederum die Sehnsucht suchen. Sie muss wissen, was sie wirklich will. Will sie der Sehnsucht folgen? Dann tue sie es – aber auch dies wird sie nur können, wenn sie es mit ganzer Kraft tut. Die seichte Oberflächlichkeit ist nur zu verlassen, wenn die Seele wieder die *Hingabe* lernt...

All dies klingt vielleicht kompliziert, so als gäbe es immer wieder neue Voraussetzungen. In Wirklichkeit aber geht es nur um eines: jenen Punkt, an dem die Seele sicher und unerschütterlich einen *Willen* findet, sich selbst zu verwandeln – um die seichte Hässlichkeit zu verlieren und die sinn-tragende Tiefe zu gewinnen... Es ist zugleich ein Punkt klarer Erkenntnis. Erkenntnis über die Tatsache ihres gegenwärtigen Zustandes – seiner Leere, seiner Hässlichkeit – und Erkenntnis über das *Mögliche* und seine Voraussetzungen. Das Mögliche liegt *immer* jenseits des Egoismus, in einem heiligen Bereich von Empfindungen, die mit dem Egoismus nichts zu tun haben. Wenn die Seele lernt, eine Sehnsucht nach diesem Reich völlig anderer Empfindungen zu fühlen, dann hat sie einen allerwichtigsten Schritt schon getan. Dann muss sie nur noch ihre eigene Sehnsucht lernen ernst zu nehmen. Nicht auch mit ihr nur wiederum seicht und oberflächlich zu spielen, sondern die eigene Suche *wahrzumachen*. Die Seele, die ihre eigene Sehnsucht aufrichtig ernst nimmt, wird sich als erstes mit dieser Sehnsucht immer mehr durchdringen. Dies gerade *ist* das Ernstnehmen: Erfülle Dich mit Deiner Sehnsucht, o Seele!

Indem die Seele sich ihrer eigenen Sehnsucht hingibt, die in ihrem heiligsten Teil lebt, lernt sie das Geheimnis der Hingabe überhaupt. In der *ersten* Hingabe lebt das Geheimnis *aller* Hingabe.

Das allmähliche Sich-Hingeben der Seele an diese Sehnsucht, um die es jetzt geht, ist ihr allmähliches Sich-Abwenden von der Seichtigkeit und dem unendlich leeren Selbstbezug. Es ist ein leises, allmähliches Wachsen eines inneren Willens, der gerade das Andere will – das Heilige, das Reine, das wahrhaft Erfüllende. Jenes Heilige ist deshalb erfüllend, weil die Seele sich von ihrem Selbstbezug rein macht. Dies ist die wahre Befreiung. Denn der Raum der Seele wird frei – frei für das Heilige, in dem Maße, in dem die Seele sich selbst heiligt und für dieses Heilige bereitet.
Sehnsucht nach dem Heiligen ... das ist es, was die Seele in aller Leere immer mehr empfindet. Diese Sehnsucht mag langsam wachsen, weil die Seele sie erst zulassen muss – aber dann wird sie wachsen, in dem Maße, in dem die Seele lernt, sich ihrer eigenen Sehnsucht aufrichtig hinzugeben.

Die Hingabe ist das Geheimnis der Verwandlung der Seele.

Ohne eine neue Heiligung der Seele wird die Erde keine menschliche Zukunft haben. Und es gehört schon zu der beginnenden Heiligung der Seele dazu, tief im Herzen zu *wollen*, dass die Erde eine wahre, eine heilige Zukunft hat. Da, wo die Krankheit der Seele so weit fortgeschritten ist, dass ihr die Zukunft der Erde *egal* geworden ist, ist jede Hoffnung vergeblich. Aber selbst jene Seele kann das Gesundende, das Heilende zurückgewinnen und wiederfinden...

Und doch wird erst die allmähliche Heiligung der *Seele* diese empfinden lassen, wie heilig die Welt in tiefstem Sinne ist.

Und das Geheimnis der Wandlung der Seele liegt in der Hingabe... Nur wenn die Seele sich *hingeben* kann, kann das, dem sie sich hingibt, die Seele verwandeln.

Das ist immer und überall so, ohne dass wir es bemerken. Auch in die andere Richtung ist es so. Fortwährend gibt sich die Seele heute Eindrücken hin, die immer profaner und in ihrer Art brutaler, leerer, sinnloser und hässlicher werden. Und all dies verwandelt die Seele auch, macht sie sich gleich – und so wird auch die Seele selbst immer profaner, leerer, hässlicher und brutaler, roher, empfindungsloser.
Wir müssen nicht glauben, dass dies nicht so wäre. Es ist immer so, bis ins Allerkleinste. Jeder Sinneseindruck, den wir aufnehmen, jedes Plakat, jede Sendung, jedes Video – alles, alles verändert fortwährend unsere Seele. Und in der Regel *nimmt* es ihr die Reste an feinerer Empfindsamkeit, die sie vielleicht noch hatte, oder aber es zementiert die Empfindungsarmut, die sich längst eingestellt hat.
Es gehört zu dem ungeheuren Hochmut der Seele, dies zunächst nicht wahrhaben zu wollen – oder, schlimmer noch, es gleichgültig zu finden. Man muss nur einmal kleine Kinder anschauen – und man *weiß*, was im Laufe der Jahre mit der

Seele geschieht, mit der eigenen Seele geschehen ist. Die Tatsache, dass dies *jedem* Menschen geschieht, scheint die Katastrophe weniger schlimm zu machen, aber auch dies ist nur eine unendliche Ausrede. Eine Katastrophe wird nicht deshalb weniger schlimm, weil sie sich in unendlichfacher Vervielfältigung ereignet. Im Gegenteil.

Aber die Wahrheit ist: Indem wir vom Kind zu einem Erwachsenen werden, rotten wir in wirklich unendlicher Weise unsere eigene Empfindungsfähigkeit aus – *und* ihre Tiefe. Wir werden oberflächlicher, liebloser, profaner, empfindungsloser. Wir werden seichte, öde, unheilige Erwachsene – Erwachsene mit einer ganz entheiligten Seele. Mit einer Seele, die nicht einmal mehr *weiß*, was Heiligkeit ist.

Uns ist nicht einmal im Ansatz klar, *was* wir in dieser Reise vom kleinen Kind zum Erwachsenen verlieren. Wir begreifen zunächst nicht einmal im Ansatz, *wie* brutal und vollständig wir unsere Welt und unsere eigene Seele entheiligen, in einen absolut entgegengesetzten Zustand hineinstoßen. Natürlich wird die Seele durch alle Umstände in diesen Zustand hineingestoßen, bevor wir auch nur begreifen, was ihr – und uns – geschieht. Und dennoch verharrt der Erwachsenwerdende und dann der Erwachsene nur allzu gern in diesem Zustand und fügt ihm fortwährend neue Brutalitäten hinzu, die die Seele immer *noch* ärmer und verhärteter machen.

Die Seele lernt die Lust am profanen Selbstbezug und am absoluten Genuss immer tiefer kennen – und sie verliert all das Heilige, was noch die frühe Kindheit umschwebt hat, was ihr aber längst nichts mehr bedeutet. Was bedeutet die heilige Empfindung der Ehrfurcht? Was bedeutet aufrichtiges Empfinden von Mitleid? Dann doch lieber das neueste YouTube-Video oder eine schnelle Tiefkühlpizza...

Die Seele ist so leer geworden, dass sie nicht einmal mehr ihre eigene Leere zu empfinden vermag. Sie ist *absolut* entleert – und völlig eingebacken in ihren profanisierten Zustand. Und dieser wird so lange währen, bis sie die andere leise Stimme in ihrem Innersten beginnen wird wahrzunehmen...

Jene Seele aber, die die Sehnsucht kennengelernt hat, wird bereit, einzutauchen in ein Reich, das der Welt – und auch ihrer eigenen Innenwelt – die Heiligkeit zurückgeben kann. Sie wird bereit, einzutauchen, und sei es zunächst nur, um dieses heilige, heiligende und heilende Reich überhaupt erst einmal *kennenzulernen*.

*

Das Heilige wird nicht gefunden, indem man es abstrakt zur Kenntnis nimmt, sondern indem man sich mit ihm durchdringt. Gerade das abstrakte, bloße Zur-Kenntnis-Nehmen ist ja das tiefe Symptom der entheiligten Seele. Nichts lässt sie mehr zu sich durchdringen und nichts dringt mehr zu ihr durch, weil sie sich selbst völlig abstrakt gemacht hat, abstrakt und empfindungslos, unfähig zu jeder tieferen Empfindung. Aufrichtige *Hingabe* ist der erste Schritt der Erlösung aus dieser Erstarrung, diesem absoluten Gefängnis.

Das Heilige kann nur erlebt werden, indem man sich ihm *hingibt*. Dann aber wirkt es bereits verwandelnd. Es ist ein und dasselbe – das wirkliche Erleben des Heiligen und das Verwandeltwerden durch das Heilige. Aber das Geheimnis von beidem liegt in der Hingabe. Diese ist die große, aktive, freie *Tat* der Seele selbst. Hingabe geschieht nicht einfach so. Die Seele muss es *wollen*. Sie muss *sich* hingeben...
Indem die Seele sich hingibt, kann das Heilige sich ihr nähern und sie, die Seele, ergreifen, weil sie sich ergreifen *lässt*. Die Hingabe ist ein aktives, willentliches Sich-leer-Machen des Willens, damit das ganze Wesen der Seele durchdrungen werden kann von dem, was dann übrigbleibt ... sei es als ein

Eindruck, der zunächst von außen kommt, sei es als eine Empfindung, die aufrichtig und als einzige innerlich entfaltet wird... Ein völliges Sich-leer-Machen von allem anderen und ein völliges Sich-Hingeben an dieses Eine, Sich-durchdringen-Lassen von diesem Einen...

Hingabe ist selbst bereits etwas Heiliges, weil sie den unheiligen Zustand der *Zerstreuung* beendet. Jede Hingabe setzt die Sammlung der Seelenkräfte voraus – denn diese sind es ja gerade, die sich in ihrer Ganzheit hingeben sollen. Eine zerstreute Hingabe existiert nicht. Entweder die Hingabe ist aufrichtig – oder sie ist überhaupt nicht...

Um aber die heiligen Empfindungen und Seelenstimmungen wieder zu ‚lernen' und zu finden, die sie völlig verloren hat, braucht die Seele ein Vorbild.

Ein heiligstes Vorbild, das der Seele Führerin sein kann, ist das Mädchen. Ich meine hier das Urbild des Mädchens, dessen Seele all das hat, was wir nicht mehr haben, in dessen Seele all das lebt, was in der unseren nicht mehr lebt. Dieses lebendige Urbild des Mädchens ist unerschöpflich – und die Seele kann von seinem Wesen in unerschöpflicher Weise verwandelt werden, *wenn* sie es zulässt...

Es gibt auch andere Urbilder – etwa der reine Jüngling (Parzival), der Heilige, die Madonna, die weise Frau, der weise König. Bei den meisten Urbildern besteht die Gefahr, dass sie einerseits sehr weit weg sind, andererseits aber allein schon durch ihr ‚Erwachsensein' uns so nah, dass wir unbemerkt alle möglichen Identifikationen hineintragen und uns dann sehr schnell ebenfalls etwa wie ein weiser König dünken. Urbilder können abstrakt bleiben – abstrakt und lebensfern. Aber sie sollen unsere Seele ja gerade verwandeln, wirklich verwandeln, nicht nur eingebildet.

Das *Mädchen* dagegen ist allein schon durch seine Jugend ein Urbild, das uns selbst schützt, vor jeder illusionären Identifikation mit ihm. Es ist der denkbar größte Gegensatz zu uns – bei einem Mann sowieso, bei einer Frau aber ebenso.

Und was soll uns dieses heilige Urbild helfen?

Es soll uns helfen, Empfindungen und Seelenstimmungen wieder lebendig zu machen, die wir längst verloren haben – oder nie gekannt haben. Und die Jugend des Mädchens hat noch ein anderes Geschenk als das, uns vor jeder illusionären Identifikation zu schützen. Seine natürliche *Unschuld* weckt unmittelbare Liebe und Zuneigung in der Seele. Sein Vorbild ist weder streng noch fern noch weit weg – es ist vielmehr lieblich und in seiner Unschuld unendlich nah. Das *Mädchen* zeigt in einer unendlichen *Anmut*, wie rein die Seele sein kann. Sie mahnt nicht, sie predigt nicht, sie *ist* einfach das, was die Seele werden kann.

Das Mädchen ist vielleicht noch nicht weise, noch nicht lebenserfahren, noch nicht ,tüchtig' im Sinne einer gestaltenden Verwandlung der Welt. Es hat vieles nicht von dem, was etwa ein weiser König noch haben mag. Aber – es hat *alles*, was die Seele braucht, um überhaupt einst innerlich ein weiser König werden zu können. Die Seele sollte nie meinen, den zweiten Schritt vor dem ersten machen zu können. Sonst wäre sie noch immer viel zu sehr getrieben von Hochmut. Jene Seele, die nicht meint, dass das *Mädchen* sie unendlich viel lehren kann, ist noch immer hochmütig, seicht, faul und unwillig – und darüber hinaus einfach dumm und noch ganz unwissend...

Das Mädchen ist kein weiser König – aber der weise König ist auch kein Mädchen. Vielleicht könnte auch der König noch unendlich viel von dem Mädchen lernen. Was ist das heilige, unerschöpfliche Urbild des Mädchens?

*

Bleiben wir bei der Hingabe. Sie ist das Erste, was die Seele finden muss, wenn sie die Sehnsucht gefunden hat. Ohne die Kraft der Hingabe wird die Seele keinen Schritt weiterkommen. *Mit* ihr aber wird sie heilige Schritte machen können...

Was aber ist Hingabe? Ein oberflächliches, unverbindliches Sich-Einlassen auf etwas, etwa eine Empfindung? Können wir, kommend aus unserem profanen Alltag, überhaupt auch nur annähernd so etwas wie Hingabe entfalten? Wissen wir überhaupt, was das heißt, dieses heilige, volle Sich-Hingeben der Seele?

Das Mädchen kann es uns lehren...

Wir brauchen uns in unserer Seele nur auf das reine, unschuldige Urbild des Mädchens zu besinnen, um zu erleben, was Hingabe ist. Nicht nur auf eine Vorstellung, sondern auf das lebendige Urbild selbst – auf das *Mädchen*.

Des Mädchens ganzes Wesen ist Hingabe. Es ist das Fehlen von jeglichem ‚Nein'. Das Fehlen von jedweder rationalen Überlegung. Das Mädchen hat jede Empfindung *ganz* – und selbst, wo es denkt, ist jeder Gedanke ganz von seinem Herzen begleitet ... und geleitet. Das Mädchen ist nie von seinem Herzen getrennt. Und sein Herz ist – Hingabe.

Das reine Wesen des Mädchens kennt nicht unsere abstrakten, blassen Überlegungen, die nur das armselige Feigenblatt für unsere ganze Gefühlsarmut sind. Das Mädchen kennt keine Halbheit des Herzens. Sein aufrichtiges Wesen ist in jedem Moment ganz in allem, was es denkt und empfindet. Es hält sein Wesen nicht zurück, es zieht sein Wesen nicht aus seinen Gedanken und Empfindungen heraus, um nur ‚halb' oder noch weniger anwesend zu sein, wie es für die moderne Seele zur Gewohnheit geworden ist. Das Mädchen meint alles *ganz* – es verbirgt sich nicht. Niemand ist so aufrichtig, so vollkommen offenherzig wie das Mädchen. Das Mädchen gibt sein Inneres ganz hin...

Welch eine heilige Ehrfurcht bräuchte unsere Seele, um dies einmal mit aller Aufrichtigkeit, die uns möglich ist, zu empfinden! Nicht wiederum nur mit blassen Vorstellungen, sondern zutiefst, so tief wie möglich. Eintauchen in dieses heilige Wesen des Mädchens und die unvorstellbare Hingabefähigkeit seines Wesens. Nichts denken, nichts intellektuell vorstellen – nur tief sich berühren lassen von dem anwesenden Wesen des Mädchens, das um so mehr anwesend sein kann, je mehr alles Gewöhnliche ganz und gar schweigt...

Und das Mädchen gibt nicht nur sein Inneres ganz hin – so sehr, dass man das Wesen seiner Seele nicht nur in seinen Augen erblicken kann, sondern auch in seinem ganzen Antlitz, seiner ganzen Gestalt, jeder einzelnen Bewegung –, es gibt sich auch der *Welt* ganz hin. So sehr es seine Seele in alles hingibt, was es selbst tut, so sehr nimmt es die Welt und *ihre* Seele tief in sein Herz auf...

Das Mädchen kann durch ein sommerliches Getreidefeld gehen, und es kann das ganze heilige Geheimnis des Sommers spüren – mit seinem ganzen unschuldigen, offenen Wesen. Das Mädchen gibt *sich* hin – und die Welt gibt sich *ihm* hin. Die Seele des Mädchens ist wie ein offenes Buch – und die Welt schreibt sich hinein. Noch das kleinste Wunder dieser Welt nimmt das mit dem Herzen schauende Auge des Mädchens wahr – und nimmt das Mädchen in sein Herz hinein.

Nichts bleibt unbeachtet. Man sieht nur mit dem Herzen gut – aber das Mädchen sieht *nur* mit dem Herzen...

Hingabe... Das Geheimnis der Hingabe lernen wir von dem Mädchen.

*

Und die Ehrfurcht? Folgen wir dem Mädchen auch in die Ehrfurcht...

Das reine Wesen des Mädchens ist fromm. Auch wenn es das Übersinnliche nicht unmittelbar erleben kann,[1] sagt sein Herz ihm doch, dass das, was in aufrichtiger Weise geglaubt werden kann, auch wahr ist. Und in seinem Herzen lebt der reine Glaube – und nichts von Zweifel...
Alles aber, was das Mädchen in frommem, unerschütterlichem Glauben – der im Grunde eins mit voller Gewissheit ist, ohne dass es das Schauen bräuchte – in seinem Herzen trägt, verbindet sich mit seiner reinen, unschuldigen Ehrfurcht. O, man weiß erst, was ‚heilig' ist, wenn man die Ehrfurcht des Mädchens kennt! Seine Ehrfurcht selbst ist heilig – und alles, dem sie gilt. Erst, wenn man mit den Augen des Mädchens schauen, mit seinem Herzen fühlen könnte ... würde man wirklich wissen, was das heißt, heilig... Die Ehrfurcht ist das Organ, der innere Sinn für das Heilige. Und im Herzen des Mädchens ist die Ehrfurcht so rein und klar wie ein leuchtender Diamant. Fast möchte man sagen, im Herzen des Mädchens schaut die göttliche Welt sich selbst an. *Sie* hat das Herz des Mädchens so rein gemacht, dass es eine solche reine Ehrfurcht in sich tragen kann, dass es das Heilige unmittelbar *spürt*...

---

[1] Das Urbild des Mädchens ist *selbst* eine übersinnliche Gestalt. Es ist aber das Urbild eines Mädchens auf Erden. Und so ist auch die geschilderte Imagination ein Wahrbild.

86

Wenn das Mädchen eine Kirche betritt, betritt es nicht einfach eine Kirche. Seine ganze Seele wird eingehüllt von Ehrfurcht – und *so* betritt es dann den heiligen Bau: jeder Schritt des Mädchens ist dann Ehrfurcht. Und es ist keine aufgesetzte Ehrfurcht, keine von seinem Wesen getrennte Ehrfurcht, sondern sein ganzes, reines Wesen *ist* dann Ehrfurcht. Das ganze Mädchen ist Ehrfurcht – mit Haut und Haar. Die Ehrfurcht, die eine allerinnigste, scheue Liebe zum Göttlichen selbst ist, entströmt seinem Herzen und strömt in die kleinste Bewegung.

So setzt das Mädchen in einer heiligen, reinen, ja anmutigen Ehrfurcht Schritt vor Schritt. Ganz aus dem Herzen heraus spürt es, welche Bank die richtige ist, und setzt sich dort. In keinem einzigen, noch so kleinen Moment fällt es aus der heiligen Ehrfurcht heraus – denn diese entströmt seinem Herzen wie ein urlebendiger, heiliger Strom.

Das Mädchen muss sich nicht *anstrengen*, diese Ehrfurcht zu ‚haben' – es müsste sich anstrengen, sie nicht zu haben, ja dies ist ihm ganz unmöglich. Sein Wesen *ist* einfach zutiefst fromm. Es liebt und ehrt das Göttliche viel zu sehr, um aus der heiligen Frommheit seines Herzens herauszufallen. Es ist die natürlichste Regung seines Herzens. Das Mädchen betritt eine Kirche, und sein Herz wird fromm... Es ist immer fromm, aber die lebendige Ehrfurcht beginnt dann zu strömen – die Antwort auf das Heilige, in das man eintritt...

Das Mädchen weiß am allerbesten, viel besser als wir selbst, dass das Göttliche nicht zwischen Steinen eingemauert ist – und es erlebt die Wunder der schaffenden Gottheit tiefer als jeder andere Mensch überall in der Natur. Und doch wurde ein Gotteshaus ja zu einem heiligen Zweck erbaut – und ereignet sich das Heilige zwischen diesen Mauern. Das Mädchen erlebt nichts anderes als das, was *da* ist. Und es bringt der göttlichen Welt entgegen, was durch Menschenherzen *noch* da sein kann – nämlich die Antwort auf das Heilige, die Ehrfurcht... Kirchenmauern atmen Heiligkeit. Das Mädchen spürt dies unmittelbar – und spürt auch damit mehr als wir alle.

Und selbst wenn eine Kirche längst ganz profanisiert wäre, wenn keine Gottesdienste mehr darin stattfänden und sie nur noch von Touristen frequentiert wäre – und es würde *ein* Mädchen mit reinem Herzen kommen und mit seiner reinen Ehrfurcht in diese Kirche eintreten – sie wäre von neuem geheiligt. Eine reine Seele kann dies unmittelbar empfinden. Aber warum ist dies so? Weil der ganze Himmel auch im reinen Herzen des Mädchens lebt...

Wie können wir das, was so lebendig und so tief im Herzen des Mädchens lebt, wieder lernen?

Lernen und wiederfinden kann man nur das, worum man sich bemüht... Wem das Glück am Strand hold ist, der findet wohl einmal einen glitzernden Bernstein. Aber das Kostbare in der Seele *selbst* muss selbst errungen werden. Man findet es nicht, man muss es selbst bilden, erst dann ist es da... In einer unheiligen Zeit führt jeder Weg einer Verwandlung der Seele zum Kostbaren, Heiligen hin nur über ein existenzielles seelisches *Wollen*. Ausdruck dessen ist zunächst die leise wachsende Sehnsucht. Aber diese muss auch ernst genommen werden – und die Seele muss sich ihr *hingeben*. So lange und so tief, bis die Sehnsucht wahrhaft die eigene wird – und zur wirklichen inneren Tat wird. Und die Tat wird: heilige Selbsterziehung.

Schon die Sehnsucht selbst und die Hingabe an sie ist der Beginn dieses verwandelnden Geschehens. Denn in der Hingabe an die Sehnsucht lernt die Seele geheimnisvoll, das Heilige, das wahrhaft Moralische, immer tiefer zu *lieben*. Denn an was gibt sie sich hin? An nichts anderes... Die Sehnsucht gilt gerade dem Geheimnis der Wandlung. Die Seele spürt die Fülle, die jenseits einer solchen Wandlung wartet. Sie spürt die Heiligkeit dieses Geschehens. Und immer mehr sehnt sie sich nach dieser Wandlung – und danach, nicht mehr diejenige zu bleiben, die sie ist. Dies alles ist verborgen von Anfang an *Liebe* zu der heiligen Essenz des Moralischen. Und das Moralische ist gerade alles, was die Seele schön machen würde. Es ist alles, was die Seele wahrhaft zu einer Seele machen würde. Das wahre Wesen der Seele und die wahre Schönheit dieses Wesens *ist* das Moralische in ihr.

Es geht um das heilige Geheimnis der Liebe zum *Guten*. Das Gute ist jenes unbeschreibliche Geheimnis, das dem ganzen Kosmos ein inneres Leuchten verleiht. Es ist dieses Leuchten. Dieses Leuchten ist das Moralische, das Gute – es ist real, und die Seele kann sich mit dieser Realität durchdringen...

Wir können empfindsam werden für diese Realität des Guten, des Moralischen im Sinne einer absoluten Wirklichkeit. Die Menschen sind es nicht gewohnt, mit der *Seele* zu schauen. Aber hier lebt die heilige Wirklichkeit.

Hätte das bloße, physische Leben einen Sinn? Bloß physisch wären wir Tiere – Fressen, gefressen werden, überleben, nichts weiter. Vielleicht noch Instinkte. Lust... Da beginnt das niedere Seelische schon. Völlig körpergebunden – oder dann ein Stück frei werdend und sich an den Egoismus knüpfend. Lust am Genuss. Lust an der Bequemlichkeit, der Zerstreuung, den Sinnesreizen aller Art. Lust um der Lust willen – und um der Sinnlosigkeit zu entgehen. Das niedere Seelische knüpft sich an den *Körper* und an den *Egoismus*. Und beides hängt eng miteinander zusammen.

Aber daneben gibt es noch ein *anderes* Seelisches – eines, das bereits einem heiligen Bereich angehört, weil es viel reiner ist. Wenn uns ein Kind mit vertrauenden Augen anschaut. Wenn es sich etwas wünscht. Wenn es Hoffnung in seinen Augen hat. Haben wir dies auch nur einmal in seiner ganzen *Tiefe* wahrgenommen? Was dies heißt? Was dies ist? Reines Vertrauen? Das Vertrauen der Kinder? Hoffnung? Haben wir das einmal bewusst und tief wahrgenommen? Es müsste die Seele *erschüttern*. Erst dann hätte sie es zum ersten Mal *wirklich* wahrgenommen...

Die Realität des Seelischen...

Man müsste all dies einmal tief meditieren – um ganz und gar erschüttert wahrzunehmen, dass all diese *reineren* Kräfte aus einem Reich kommen, das wahrhaftig ‚nicht von dieser Welt' ist. Ein Körper, aber auch ein bloß egoistisches Wesen, kann kein Vertrauen haben. Vertrauen kann nur eine *Seele* haben – und auch in ihr kommt diese Kraft aus einer Welt, die durch und durch heilig ist. Es ist, wie wenn *Sternenlicht* in die Seele hineinleuchten würde, und die Seele mit dem heiligen Licht von Sternen diese Kräfte hätte. Vertrauen... Hoffnung... Und sogar ... Liebe.

Eine lange, lange Zeit müsste man sich davon berühren lassen – immer wieder –, bis man zu der unerschütterlichen Erkenntnis und Wahrnehmung der absoluten Realität dieses Heiligen gekommen ist. Dieses Heilige ist in seiner ganzen Essenz der Kosmos des Moralischen. Ohne diese heilige Wirklichkeit hat die Erde und die ganze Welt keinerlei Sinn. Aber diese Wirklichkeit ist da – und sie leuchtet in die Seelen hinein, und durch die Seelen lebt auch dieses heilige Reich auf Erden...

Die Wirklichkeit des Seelischen... Die Wirklichkeit der im Seelischen lebenden heiligen Kräfte. Das, was man schon in dem vertrauenden Blick eines Kindes bis in die Tiefe erleben kann. Das als eine reine, eigenständige *Wirklichkeit* wahrnehmen lernen... Als ein Mysterium... Etwas, was mit dem Körper und mit dem Egoismus nicht das Geringste zu tun hat, völlig frei davon ist, aus der *entgegengesetzten* Welt kommt...

Es ist ein wirklicher Schritt, sich dieses Mysteriums bewusst zu werden. Wirklich bewusst. Und doch ist dieser Schritt nicht so groß, wenn die Seele längst die Sehnsucht nach einer inneren Entwicklung spürt. Dann ist sie längst mitten *in* diesem Schritt – und sie muss sich nur immer mehr bewusst werden, *wonach* sie sich eigentlich sehnt. Ein reales Reich heiliger Kräfte... In dem Maße, in dem die Seele sich mit diesen Kräften durchdringt – – aber dies muss wirklich *empfunden* werden. Was dann geschieht...

In der Welt der Seele ist das Geheimnis der Alchemie eine Wirklichkeit. In der Welt der Seele können wir das wahre Mysterium der Wandlung finden. Und das Alte wird jung ... und das Unedle wird geläutert ... und das Dunkle wird licht ... das Hässliche wird schön ... und die nachtschwarze Kohle wird zum Diamanten... Indem die Seele sich auf die *Suche* nach dem Heiligen macht, in Sehnsucht, in der Sehnsucht, sich mit diesem zu verbinden, sich von diesem durchdringen zu lassen, geht sie den Weg ... der heiligen Wandlung.

Das gerade ist das Geheimnis der Seele: dass sie fähig ist, sich zu wandeln. Genau gesprochen: den Willen zu fassen, sich wandeln zu *lassen* – indem sie ihren ganzen Willen in die Kraft der *Hingabe* legt. Hingabe an das Heilige, das das Wandelnde ist. Ein Reich des Lichtes ... und wenn das heilige Licht die Seele, die sich ihm hinzugeben vermag, durchdringt, dann verwandelt Licht alles in Licht, macht sanft auch das zuvor Nicht-Lichthafte sich gleich, wandelt es in seinesgleichen, weil das Lichtarme sich danach *sehnt*, auch so schön zu werden wie das Licht. Das Unheilige sehnt sich nach dem Heiligen, weil es immer mehr dessen ganze, unendliche *Schönheit* erkennt.

Das Geheimnis der Seele ist, dass sie sich mit *allem* durchdringen kann – mit dem Hässlichsten und mit dem Heiligsten. Und alles verwandelt sie ... in seinesgleichen. Das *heilige* Geheimnis der Seele aber ist, dass sie eine geheimnisvolle, wachsende, heilige Sehnsucht nach dem Heiligen empfinden kann. Und dass sie mit dieser heiligen Sehnsucht das Reich einer heiligen Alchemie betreten hat...

In der Fähigkeit der Seele, eine *Sehnsucht* zu entfalten, zu empfinden, zu hüten und lebendig zu machen, liegt ihr wahres vergrabenes Talent. Dieses ist es, das sie den Weg zum Himmelreich, zu einem Reich himmlischer Kräfte führt. Der weitere Weg ist dann, das heilige Reich, das die Seele begonnen hat, kennenzulernen, immer mehr zu *lieben*. Das Reich des Lichtes immer mehr zu lieben. Das gerade ist die Vertiefung der Sehnsucht – und ihre Verwandlung in eine reale Kraft, die sie von Anfang an ist, zugleich aber immer mehr wird. Sehnsucht wird Liebe. Und Liebe wird bewusster Wille – Wille zur Wandlung, die zur Kommunion, zur Vereinigung mit jener Welt heiliger Kräfte wird.

In dem Maße, in dem mit der heiligen Sehnsucht ernst gemacht wird, in dem die Seele ihre eigene innerste Sehnsucht also in heiliger Aufrichtigkeit ernstnimmt und ihr *folgt* – in dem Maße *betritt* sie das Reich, das sie sucht ... und dieses lichte Reich beginnt umgekehrt, in sie einzuziehen, und ihre eigene Sehnsucht lehrt sie die Hingabe...

*

Und trotzdem kann die Seele vor der Tatsache stehen, dass ihr ganzes bisheriges Leben, das ihr Sein geworden ist, es ihr scheinbar fast unmöglich gemacht hat und macht, eine solche Empfindung wie die Ehrfurcht überhaupt zu *haben* – selbst wenn sie sich danach sehnt, solche Empfindungen wieder haben zu können.

Sie sehnt sich nach diesen reineren, heiligen Empfindungen – aber ihr eigenes Sein ist so hart, so plump, so gewöhnlich und so oberflächlich geworden, dass sie diese Empfindungen in sich gar nicht finden, gar nicht erwecken kann – oder nur so schwach wie einen Lufthauch...

Hier ist es wichtig für die Seele, zu einer ernsten Selbsterkenntnis zu kommen. Und eine tiefe *Scham* über den so erschütternd unfähigen Zustand ihrer selbst würde sie am tiefgreifendsten losreißen von ihrer fortwährenden Selbstverliebtheit – und sie radikal befreien, wodurch sie selbst die heiligsten Empfindungen *doch* haben könnte, wie ansatzweise auch immer, aber je größer ihre Demut wäre, desto tiefer wären sie dennoch...

Inmitten alles Negativen war dies doch das Positive an der alten katholischen Lehre der absolut sündigen menschlichen Seele. Die Seele verging gleichsam in schuldbewusstem Sündenbewusstsein – aber dadurch *hatte* sie zumindest Empfindungen. Heilige Empfindungen, die nicht selbstbezogen waren. Man möchte sagen: Die früheren Seelen empfanden zumindest ihr tiefes Ungenügendsein, ihre Schuld – die moderne Seele empfindet ... gar nichts mehr.

Im dritten Kapitel der Johannes-Offenbarung heißt es:

Wer Ohren hat, der höre, was der Geist den Gemeinden sagt! Und dem Engel der Gemeinde in Laodizea schreibe: Das sagt, der Amen heißt, der treue und wahrhaftige Zeuge, der Anfang der Schöpfung Gottes: Ich kenne deine Werke, dass du weder kalt noch warm bist. Ach, dass du kalt oder warm wärest! Weil du aber lau bist und weder warm noch kalt, werde ich dich ausspeien aus meinem Munde. Du sprichst: Ich bin reich und habe genug und brauche nichts!, und weißt nicht, dass du elend und jämmerlich bist, arm, blind und bloß. Ich rate dir, dass du Gold von mir kaufst, das im Feuer geläutert ist, damit du reich werdest, und weiße Kleider, damit du sie anziehst und die Schande deiner Blöße nicht offenbar werde, und Augensalbe, deine Augen zu salben, damit du sehen mögest.

All dies darf nicht äußerlich-materiell verstanden werden. Es sind hier innerlich-übersinnliche Realitäten ausgesprochen.

Es ist die moderne Seele, die hier gleichsam urbildlich beschrieben wird. *Sie* ist es, die glaubt, ‚reich' zu sein und alles zu haben, was sie braucht. Sie ist es, die hochmütig in ihrem Selbstgenuss und dem Genuss leerer, oberflächlicher Genüsse verharrt und in alledem meint, alles zu haben – und gerade darin ein Nichts wird, nichtig wird, jämmerlich, arm, blind und bloß...

Das stolze Selbstgefühl und die selbstbezogenen Genüsse des Begehrens von was auch immer, Speisen, Bequemlichkeit, Sex, Unterhaltung, Zeitvertreib, irgendwelche ‚Unternehmungen', alles, was letztlich sinnlos nur die Zeit totschlägt, aber so sehr dem eigenen ‚Genuss' gilt – all das ist für die reale göttlich-geistige Welt tot, lau und tot. Es ist weder warm noch kalt, es hat keinerlei übersinnlichen Wert, nicht einmal negativen...

Oder, um es noch anders erlebbar zu machen: Man kann sich vorstellen, dass eine mitleidlose Seele, die kalt an einem Bettler vorübergeht, der doch ihr ‚Nächster' wäre, irgendwann in ihrem Leben an den Punkt kommen kann, wo ihr ihre eigene Kälte erschütternd bewusst wird – und sich diese Kälte gerade durch ihre eigene Intensität in heiße Reue, in den heißen, innigen Wunsch nach der Möglichkeit der Umkehr wandeln kann... Die kalte Seele kann sich ihrer eigenen unendlichen Verirrung irgendwann bewusst werden, denn auf dem Grunde ihrer Seele wusste sie um ihre Kälte schon immer. Doch um wieviel schwerer haben es die lauen Seelen! Sie, die in ihrem lauen, bequemen, unendlich selbst-zufriedenen Lebenswandel erst recht nichts mehr sehen als ihr eigenes, leeres, genießendes Wohlsein. Sie sind *weder* warm noch kalt. Sie haben das wahre Seelische *noch* mehr verloren als die kalte Seele, die es zumindest aktiv unterdrückt. Die lauen Seelen unterdrücken es nicht einmal mehr, sie haben es völlig *verloren*.

Es ist einer kalten Seele leichter, ihre Kälte zu erkennen und in heißer Sehnsucht zu einer Umkehr zu kommen, als es einer lauen Seele ist, ihre unendlich vielen lauen Genüsse aufzugeben. Selbst wenn sie ihrer endlich überdrüssig werden würde, wäre sie ja längst durch ein langes Leben so lau geworden, dass sie in sich überhaupt kein Feuer mehr finden kann, andere Empfindungen als die des selbstbezogenen Genießenwollens in sich zu erwecken...

Die laue, selbstverliebte Seele, die an tausenderlei Genüssen und Annehmlichkeiten haftet, hat jede Fähigkeit der Liebe zu *selbstlosen* Empfindungen, die solche der *Hingabe* wären, zunächst ganz verloren, wirklich vollständig. Ihr Weg der Umkehr ist der allerlängste... Man kann sagen, dass die kalte Seele ihrem wahren Wesen fortwährend die schlimmste Gewalt antut – und wenn sie dies einst erkennen wird, liegt der Schritt zur Umkehr unmittelbar vor ihr. Die laue Seele dagegen wird die Gewalt, die *sie* ihrem wahren Wesen antut, nur sehr, sehr schwer erkennen – denn es ist eine ‚laue' Gewalt, die niemandem wehtut, sie nur immer tiefer in das Reich des bloßen Selbstbezuges versinken lässt, weder kalt noch warm, nur vollkommen lau...

Auch sie müsste zu einer Erkenntnis der tiefen Verirrtheit kommen, zu dem Wesen ihrer eigenen Lauheit. Wenn sie es schaffen würde, zu der Empfindung der *Scham* zu kommen, dann wäre es auch für sie nur noch ein kleiner Schritt zu der wirklich aufrichtigen Sehnsucht. Aber dies muss jedenfalls geschehen – auf irgendeine Weise muss sie von ihrer übergroßen Selbstliebe und ihrem übergroßen Selbstbezug *loskommen*, um die anderen, die heiligeren Empfindungen finden zu können...

Eine Hilfe kann dann sein, all dasjenige zu erkennen, was die Seele an ihr bisheriges Sein bindet.

Da ist zum einen der Körper. Die Seele lebt *in* einem Leib, aber sie nimmt sich viel zu sehr *als* dieser Leib wahr. Unser gewöhnliches Bewusstsein ist ganz und gar leibvermittelt. Versucht die Seele, sich – etwa in der Meditation – in sich selbst zurückzuziehen, schläft sie in der Regel sehr bald fast oder ganz ein. Und selbst wenn es ihr gelingt, fällt sie, wenn sie wieder die Augen öffnet, ganz in das gewöhnliche Bewusstsein zurück, in die volle Abhängigkeit vom Leib. Dieses gewöhnliche Bewusstsein *ist* aber gerade das selbstbezogene. *Ich* (mein Leib) bin hier, und die Welt ist dort. Ich bin der Mittelpunkt, und die Welt hat mich zu befriedigen. Das ist das Grunderleben des modernen gewöhnlichen Bewusstseins.

Ein weiteres Hindernis ist der Alltag überhaupt, der einen in Form der Erinnerung sogar bis in die Meditation hinein verfolgt. Man *möchte* das gewöhnliche Bewusstsein vielleicht ablegen, aber man kann es gar nicht. Die gesamte Art des Denkens, des Empfindens, sie bleibt auch nach dem scheinbaren Rückzug aus der Welt viel zu gewöhnlich, zu plump, zu starr, zu lau... Selbst wenn man den gesamten Alltag zurücklassen könnte, würde man immer noch *seinen* ‚Alltag' mitnehmen, die eigene Art, wie man gewöhnlich denkt und empfindet, sie nimmt man einfach mit. Aber selbst sie müsste man noch radikal ablegen.

In der Scham und in der Reue macht die Seele damit einen Anfang. In diesen aufrichtigen Empfindungen ist sie bereit, einen radikalen Neuanfang zu machen. Sie gibt ihr bisheriges Sein so sehr auf, wie es ihr zunächst möglich ist, und sie ist offen und hingebungsvoll. – Aber auch die Seele, die zu Scham und Reue zunächst nicht in der Lage ist, kann *empfinden* lernen, was das Wesen dieser Empfindungen und der mit ihnen verbundenen Umkehr, Sehnsucht, tiefen, suchenden Offenheit ist. Und so kann auch sie lernen, diese heilige

Richtung der Empfindung nach und nach ebenfalls zu *haben*. Ein allmähliches Loskommen von sich selbst, eine allmähliche, zart wachsende Sehnsucht nach jenen heiligen Empfindungen, die gerade mit einem Selbstloser-Werden zu tun haben.

Das Selbstloswerden ist nichts Negatives, wenn es auf die richtige Weise erreicht wird. Ein Engel ist nicht weniger Selbst als eine selbstbezogene Seele, er ist es sogar in unendlich stärkerem Maße, aber er achtet seiner nicht, sein Selbst ist seine heilige Aufgabe. Für Faulheit, Bequemlichkeit und Selbstgenuss ist in seinem Wesen gar kein Platz, er könnte diese unendlich laue Selbst-Verirrung gar nicht verstehen... Die Selbst-Sucht verringert das Selbst gerade zu einem ärmlichen Etwas. Das wahre Selbst hat sich, ohne sich haben zu müssen – und gerade deshalb hat es zugleich die Fülle, weil es das Mysterium der Hingabe kennt.

Die Seele braucht also eine Sehnsucht danach, sich vergessen zu können, in Momenten der Meditation auch den gesamten Alltag vergessen zu können, einschließlich ihres gewöhnlichen Selbst-Seins – und eine Sehnsucht, sich heiligeren Gedanken und Empfindungen *ganz* hingeben zu können. Sie braucht eine Sehnsucht nach der Fähigkeit der *Hingabe* selbst, sie muss sich danach sehnen, sich hingeben zu können. *Dann* können diese heiligeren Empfindungen die Seele umgekehrt auch in ihr Reich aufnehmen...

Und je mehr die Seele versteht, wie dies alles zusammenhängt: das gewöhnliche Bewusstsein, der Leib, ihre Begierde nach diesem gewohnten Leben, ihre Begierde nach Selbstgefühl, Selbstgenuss und Selbst-Lauheit – desto einfacher kann es für sie werden, sich daraus auch loszureißen, *weil* sie auch die *andere* Sehnsucht in sich findet. Immer genauer weiß sie dann, *was* sie im Leib und im gewöhnlichen Bewusstsein festhalten will und *wie* dies wirkt – und immer bewusster kann sie sich auf ihre andere Sehnsucht besinnen, immer aufrichtiger sich ihr hingeben und immer siegreicher sich aus all ihren Fesseln lösen, die sie an das Irdische und an das mit diesem verbundene Gewöhnliche binden wollen. Ihr ‚Sieg' besteht aber nicht in einem neuen Stolz, sondern in einer immer reineren Hingabefähigkeit...

*

Und doch... Wie kann eine Seele etwa die Empfindung der *Ehrfurcht* wiederfinden, wenn sie diese in ihrem langen, bisherigen, gewöhnlichen Leben so ganz und gar verloren hat?

Die Sehnsucht allein hilft nicht genügend, um zu den heiligen Empfindungen zu kommen, die die Seele gar nicht mehr kennt. Und vielleicht ist selbst die Sehnsucht noch viel zu schwach...

Und doch ist die Sehnsucht der Seele das Tor zu allem anderen. Die Seele kann nur versuchen, ihre eigene Sehnsucht durch allergrößte Aufrichtigkeit wahrhaft zu finden. Und in ihr, der Sehnsucht, liegt geheimnisvoll auch der Keim zu allem anderen. Denn wie könnte die Seele eine Sehnsucht nach *irgendetwas* haben, das sie noch gar nicht kennen würde? Die Sehnsucht der Seele ist bereits der *Beweis*, dass sie geheimnisvoll längst kennt, wonach sie sich sehnt. Würde sie nur ihre Aufrichtigkeit unendlich vertiefen – der Weg zu dem, was in ihrer Sehnsucht lebt, läge frei und offen vor ihr...

Jeder Mensch hat eine Seele. In der Seele des *Mädchens* sind die Empfindungen so rein, wie man es sich nur vorstellen kann. Und doch hat auch sie nur eine Seele – und jeder andere Mensch auch. Was in der Seele des Mädchens so leuchtend, so rein und unschuldig lebt, *könnte* auch in jeder anderen Seele leben. Natürlich ist dies nicht möglich, wenn die andere Seele sich durch Jahre und Jahre des Lebens an Gewöhnlichkeit, Alltäglichkeit, Plumpheit und Profanität so gewöhnt hat, dass sie darin selbst untergegangen ist. Die moderne Seele hat sich durch ihre ganze Art des Lebens, des Denkens und Empfindens, das sie Tag für Tag wiederholt hat, ihr eigenes Grab geschaufelt. Und doch muss selbst das Heiligste noch immer von ihr zu finden sein, denn sie ist noch immer eine Seele...

Eine unendliche Hilfe kann ihr dann ein Dichter werden, der viel zu früh starb, und der sich selbst *Novalis* nannte. Novalis war gleichsam der Verkünder einer neuen Zeit, ein Frühgeborener, der prophetisch von etwas sprach, was erst eine fernere Zukunft wirklich wahrmachen würde. *Er* konnte das, wovon er sprach – aber wir müssen es erst lernen. Die Rede ist von einem *magischen Idealismus*.

In seinen ‚Fragmenten' schrieb Novalis jene einzigartigen Worte auf:

Indem ich dem Gemeinen einen hohen Sinn,
dem Gewöhnlichen ein geheimnisvolles Ansehn,
dem Bekannten die Würde des Unbekannten,
dem Endlichen einen unendlichen Schein gebe,
so romantisiere ich es.

Der gewöhnlichen Seele erscheinen auch diese Worte beim ersten Lesen bedeutungslos, ja wie illusionärer Unsinn. Der entscheidende Punkt aber ist, dass man sich die Frage stellen kann, ob mit dieser ‚magischen Operation' die Wirklichkeit *verfälscht* oder aber gerade erst in ihrer wahren Gestalt *befreit* wird.

Und um Novalis zu verstehen, muss man diese letzte Möglichkeit einmal in ihrem vollen Ernst vor die eigene Seele stellen. Was wäre, wenn alles ‚Wahrnehmen' der Seele bereits geheimnisvoll mit einem Prozess verbunden wäre, in dem die Seele die Wirklichkeit ihrer wahren Gestalt *beraubt* – und nur dadurch vor der profanen, kahlen Wirklichkeit steht, die sie als äußere Wirklichkeit zu erkennen glaubt? Was wäre, wenn die Wirklichkeit viel *mehr* von der Art, wie die Seele wahrnimmt, abhängig ist, als diese sich je hat träumen lassen? Was wäre, kurz gesagt, wenn es die Profanität der Seele *selbst* wäre, die ihre eigene profane Wahrnehmung hervorbringt – und diese für die Wirklichkeit hält?

Wir können einmal an das Kind zurückdenken. Die reine Seele des Kindes steht in unfassbarem Staunen vor der überirdisch schönen Erscheinung des Weihnachtsbaumes – sie ist ergriffen und erfüllt von dessen Wunder. In der Kinderseele ereignet sich ein Tiefstes...
Der Erwachsene aber lächelt, vielleicht etwas wehmütig, und ‚weiß': Ich war es ja selbst, der den Baum gekauft, geschmückt, die Kerzen besorgt, aufgesteckt und angezündet hat. Das Kind sieht hier einen gewöhnlichen Baum, geschmückt mit käuflichen Dingen, und es sieht *mein* Werk. Das Kind glaubt noch an Wunder, aber es sieht eine Illusion. Ich lasse ihm seinen ‚Glauben', weil es ja so schön ist, und das Kind ist ja noch so klein... Später wird es wissen, wie alles zusammenhängt, und trotzdem wird es auch selbst wieder für *seine* Kinder einen Baum schmücken...

Das sind *unsere* hochmütigen Gedanken – die Gedanken der modernen Seele, die gar nicht anders kann, als zu glauben, dass ihre Erkenntnisart der des Kindes um ein Unendliches voraus ist. Mit welchem Recht? Weil sie schon länger auf Erden ist und sich eine Klugheit angeeignet hat, wie die Dinge ‚wirklich' sind? Aber vielleicht hat sie sich nur eine Klugheit angeeignet, die *verlernt* hat, die Dinge so sehen zu können, wie sie wirklich sind. ... Vielleicht ist die Erwachsenenklugheit bis oben hin angefüllt mit dem Gift der Profanität, das *nichts* mehr so sieht, wie es in Wirklichkeit ist... Doch über diese todernste Möglichkeit kann der erwachsene Hochmut nur lachen...

Das Ganze läuft auf den einfachen Vorgang hinaus, dass die erwachsene Seele verlernt hat, den Zauber, das Mysterium wahrzunehmen – und nun erklärt, es gebe ihn nicht. Denn was ich, der Erwachsene, nicht wahrnehme, das existiert ja nicht. Ich, die erwachsene Seele, wachse ja *hinein* in die Wirklichkeit, ich bin vernünftig, ich blicke tiefer, ich erkenne genauer – und das Kind glaubt, träumt, phantasiert und weiß noch nichts. – Aber vielleicht wachse ich auch einfach nur *hinaus* aus der vollen Wirklichkeit...

Novalis beschreibt eine exakte ‚Operation', die der Wirklichkeit ihre volle Gestalt *zurückgibt* – nachdem der moderne Intellekt die Wirklichkeit ihrer vollen Gestalt *entkleidet* hat, um ein nacktes Gerippe zurückzubehalten.

Die Seele muss sich an diese Erkenntnis erst gewöhnen. Ihre ganze Art des Wahrnehmens, des Denkens, Fühlens und Wollens ist tief verstrickt in dasjenige, was der moderne Intellekt geworden ist. Und *er* ist das Tote geworden, das alles mit in *seinen* Tod reißt. Nicht die Welt ist profan – der Intellekt ist es, und er *macht* alles andere profan. Es ist sein eigenes Wesen, das er über alles wirft; wie ein unentrinnbarer Mehltau bedeckt *sein* totes Gerippewesen die ganze übrige Wirklichkeit – und wahrnehmen tun wir nur noch das Tote, das Profane, das Gewöhnliche. Novalis aber weist uns den Weg, die *wahre* Gestalt der Wirklichkeit wiederzufinden...

Eine Schwierigkeit für die moderne Seele liegt in dem Wort ‚gebe', das Novalis benutzt, wie auch in dem Wort ‚Romantisieren' selbst. All das scheint für uns Beweis genug zu sein, dass es sich hier um einen subjektiven und daher illusionären Vorgang handeln *muss*. Tut dies nicht alles die Seele? *Sie* gibt doch dem Gemeinen einen ‚hohen Sinn' und so weiter, und so romantisiert sie es, wo es in Wirklichkeit gewöhnlich und profan bleibt.

Diese Hürde ist nur zu überwinden, indem wir uns ganz klar darüber werden, dass ‚Romantisieren' bei Novalis nicht im Geringsten dasjenige bedeutet, was es für heutige Ohren bedeutet. Für ihn ist es eine so objektive Operation wie es auch eine mathematische wäre. Es ist eine spirituelle Wissenschaft – nur dass *diese* Wissenschaft der Wirklichkeit ihre volle Essenz *wiedergibt*.

In diesem Sinne ist dann auch das Wort ‚gebe' zu empfinden. Nachdem die ganze Organisiertheit des modernen Menschen und seines Intellekts und seiner dadurch zunächst weitgehend abgestorbenen Seele der Wirklichkeit ihr wahres Wesen *genommen* hat und in jedem Moment von neuem nimmt, *muss* es heute eine innere Aktivität der Seele sein, die aufgebracht werden muss, um die Wirklichkeit in ihrer wahren Gestalt wieder wahrnehmen zu können. Die Seele bringt gleichsam nichts zu der Wirklichkeit hinzu – sie bringt nur durch eigene innere Aktivität etwas wieder hinzu, was sie zuvor unbewusst fortgenommen hat.

Das alles ist um der Freiheit des Menschen so geschehen. Die göttliche Welt selbst wollte, dass heute – im Gegensatz zu früheren Zeiten – die Wirklichkeit dem Menschen götterleer, geistleer, ja, sogar seelenlos erscheint, weil es eine *eigene Tat* des Menschen werden soll, die wahre Wirklichkeit wahrzunehmen. Der Mensch soll sich *in Freiheit* mit der wahren

Wirklichkeit vereinen. Damit wird die Wirklichkeit nicht seine Schöpfung, aber der Mensch wird selbst seine eigene Schöpfung. Er kann in der gott-, geist- und seelenlosen ‚Wirklichkeit' leben, wenn er will, aber er kann auch zu einer viel tieferen Wirklichkeit durchdringen, wenn er selbst innerlich aktiv wird. Indem er der Wirklichkeit das wiedergibt, was sein eigenes Organisiertsein ihr zuvor genommen hat, wird sein volles Darinnenstehen in der wahren, heiligen Wirklichkeit *seine eigene Tat.*

Der Mensch ist nicht einfach in die Wirklichkeit geworfen. Er ist aus der vollen Wirklichkeit hinausgeworfen – und das Stehen in dieser wahren Wirklichkeit erfordert die *Freiheitstat* des Menschen. So ist das Geworfensein in eine entgöttlichte, entseelte Welt gleichsam eine Gnadentat der göttlichen Welt – alles soll menschliche *Freiheit* werden, selbst das ‚bloße' Stehen in der Wirklichkeit. Selbst sie ist dem Menschen nicht geschenkt, sondern er darf sie *finden,* indem er durch innere Aktivität der Wirklichkeit ihr wahres Sein wiederschenkt...

Indem die Seele ‚dem Gemeinen einen hohen Sinn gibt', gibt sie der äußeren Welt nicht etwas, was sie nicht schon hätte – die Seele hat nur verlernt, es zu *sehen.* Indem sie es der Welt nun aber dennoch durch das Aufbringen innerer Aktivität *wiedergibt,* macht sie wahr, was die göttliche Welt selbst dem Menschen gegeben hat: das Wunder der Freiheit...

*

Kehren wir nun mit Novalis zu jener Tür zurück, die mit der Ehrfurcht verbunden ist...

Nehmen wir an, die Tür gehört zu einem Kirchenraum, einem heiligen Weiheraum, auch wenn selbst dieser nicht mehr ohne weiteres unsere Empfindungen der Ehrfurcht erweckt und wir es selbst sind, die sich anstrengen müssen, um diese Empfindungen auch wirklich zu haben. Dennoch wissen wir, dass in diesem Weiheraum während der heiligen Handlung durch das Kleid des Sinnlichen hindurch etwas in Erscheinung tritt, was seinem Wesen nach *übersinnlich* ist.

Die völlig empfindungslose Seele wird einfach nur einen Altar sehen, Farben, Worte, Handlungen – und wird dies alles registrieren, wie ein Materialist die Farben eines Bildes registriert, ohne das *Bild* zu empfinden. Wir aber wollen so lebendig wie möglich zu empfinden versuchen, dass sich durch alles Einzelne ein wahrhaft Übersinnliches ausspricht und auch anwesend ist.

Das Gleiche trifft auf den Weihnachtsbaum zu. Wir mögen ihn geschmückt haben. Alles mag äußerlich käuflich gewesen sein. Aber nun steht der Baum da, und selbst wenn alles käuflich war, so ist es doch nicht käuflich, dass eine Tanne grüne Nadeln hat und dass sie lebt und dass es solch ein immergrünes Urbild gibt. Und ebenso wenig ist käuflich, dass Kerzen brennen können und dass auch sie selbst ein tiefes Urbild sind – das heilige Bild der *Hingabe* an das Licht, das sie verbrennt und dessen treue Trägerinnen sie dennoch sind... Und das Kind sieht nicht eine Zusammensetzung gekaufter, äußerlicher Dinge – es sieht das *Wunder*, und dieses Wunder steht auch wirklich vor ihm. Es ist mehr, als man je kaufen kann, und es ist vielleicht auch mehr, als wir überhaupt verstehen. Auch wir waren nur Helfer und Dienende. Das Urbild und das Wunder besteht *aus sich heraus*, auch wenn es unsere Hilfe brauchte, um überhaupt zu erscheinen. Wir törichten Erwachsenen ‚stellen' für das Kind einen Weihnachtsbaum ‚auf' – aber das Kind sieht unendlich viel mehr als wir, und was es sieht, *ist wahr*...

Aber nun geht es uns um die Tür, die den Raum verschließt, hinter dem das Heilige wartet, in diesem Fall der heilige Kirchenraum. Vielleicht können sich unsere Empfindungen der Ehrfurcht mit diesem Raum verbinden – aber was ist mit der *Tür*?

Die profane Seele geht mit ihren profanen Gedanken durch eine profane Welt – und dann betritt sie einen heiligen Raum, und allmählich findet sie ansatzweise in vage Gefühle der Ehrfurcht hinein, wenn es gut geht. Wir wollen nun aber üben, diese heilige Empfindung in wirklich heiliger Weise *bewusst* zu haben. Wir wollen nicht wie ein empfindungsloser Tourist, der eine Kirche nur ,besichtigt', ignorant bis zur Schwelle gehen, um dann vielleicht ein wenig unser Seelenleben zu ändern, wenn wir eintreten, sondern wir wollen uns bereits der Schwelle mit Ehrfurcht nähern – und das kann bereits bei dem morgendlichen Aufstehen beginnen, an jenem Morgen, an dem man zu dem Gottesdienst gehen möchte...

Je ernster es einem mit der Ehrfurcht ist, desto weniger erstreckt sie sich nur auf den ,eigentlichen' Zeitpunkt, sondern desto mehr ahnt sie diesen bereits sehr lange Zeit voraus und begleitet bereits den Weg *dorthin*. Nicht umsonst ist es eigentlich völlig unmöglich, Weihnachten zu empfinden ohne eine heilige Zeit des Advent – oder das Osterfest ohne die vorangehende Passionszeit. Diejenige Seele, der Weihnachten wirklich etwas *bedeutet*, im religiösen Sinne, spürt schon mit dem Beginn des Dezembers und damit der Adventzeit, dass sie in eine andere Stimmung kommen sollte – und auch wirklich kommt, weil ihre tiefe innere Beziehung zur heiligen Zeit der Weihnacht sie selber andächtig stimmt. Die heilige Weihnacht schickt sanft ihren Ruf – und die Seele antwortet in sanft sich vertiefender Andacht. Für die fromme Seele sind dies selbstverständliche *Lebensprozesse*. Sie lebt nicht lau und unterschiedslos dahin. Sie empfindet tief, welche Zeit es ist...

Aber nun wollen wir dies überhaupt erst lernen. Wir wollen die Ehrfurcht lernen, und wir wollen lernen, mit Hilfe von Novalis bereits das Gewöhnliche wieder mit einem heiligen Zauber zu durchdringen – um so den heiligen Zauber der Dinge überhaupt erst wieder *sehen* zu lernen...

Wir stellen uns also die Tür vor. Es ist eine Tür, die den Kirchenraum von der äußeren Welt trennt. Der Innenraum der Kirche mag uns vielleicht helfen, zu einer Ehrfurcht zu finden – aber wie kann es eine Tür? Warum sollten wir bereits der Tür Ehrfurcht entgegenbringen?

Das ist die falsche Frage. Wir wollen diese heilige Empfindung doch wiederfinden! Es ist *unser* Wille, niemand sagt uns, dass wir dies sollen. Entweder wir sind aufrichtig genug, zu erkennen, dass so etwas wie Ehrfurcht nicht gesteuert werden kann und dass, wenn man es ernst meint, die Ehrfurcht bereits da sein sollte, *bevor* man vor dem Heiligen steht, oder wir nehmen diese heiligen Empfindungen noch immer nicht ernst genug.

Wenn wir noch immer einen Widerstand gegen die Ehrfurcht empfinden, behalten wir es uns noch immer vor, die Ehrfurcht gleichsam als Gnade gegenüber irgendetwas zu haben, es aber auch jederzeit lassen zu können. Wir haben die volle Kontrolle. Und wir wollen doch nicht schon gegenüber einer *Tür* Ehrfurcht haben! – Aber dann haben wir noch immer nicht begriffen, was Ehrfurcht eigentlich ist. Anstatt mit der Tür zu kämpfen, sollten wir uns lieber beschämt darüber klarwerden, wie *wenig* wir zu der Empfindung der Ehrfurcht in der Lage sind! Die Tür will uns gerade *helfen*, zur Ehrfurcht zu kommen. Sie schließt den Raum hinter sich vor unseren

Blicken ab. Und wenn wir dennoch schon *vor* ihr und sogar ihr gegenüber zu einer Empfindung der Ehrfurcht kommen können, dann ist unsere Ehrfurcht wahrhaft aufrichtig... Es geht nicht darum, wer Ehrfurcht von uns verlangt, sondern wie aufrichtig wir diese heilige Empfindung erwecken können. Niemand verlangt von uns irgendetwas. Wenn wir nicht selbst die Sehnsucht danach haben, jenen heiligen Empfindungen wirkliche Tiefe zu geben, werden wir diese Tiefe nie erreichen. Es liegt ausschließlich und nur bei uns, wie weit wir gehen wollen – und ob wir überhaupt auch nur den allerersten Schritt machen wollen.

Heilige Gefühle kennen keine ,Grenze'. Wahre Ehrfurcht setzt nicht erst ein, wenn die Tür geöffnet und die Schwelle übertreten ist. Sie knüpft sich bereits an die Tür, die ja den heiligen Raum gerade verschließt. Die ehrfürchtig gestimmte Seele weiß: Hinter dieser Tür beginnt der heilige Raum. Jenseits dessen *muss* sie Ehrfurcht haben, aber bereits hier kann sie gar nicht anders, wenn sie es aufrichtig meint. Die Tür gehört dazu. Es ist nicht irgendeine Tür, es ist *die* Tür.

Das Herz des Jünglings, der an diesem Tag seine Geliebte sehen darf, schlägt bereits früh am Morgen in herzklopfender Ehrfurcht – die moderne Seele aber hat schon Schwierigkeiten, nur wenige Meter vor der Schwelle jene Empfindung zu erwecken, die ihr selbst hinter der Schwelle so schwer wird. Wie unendlich profan ist sie geworden! Aber sie wird nur weiterkommen, wenn sie aufrichtig darunter zu *leiden* vermag. Ihr Selbstbezug und Stolz wird mit der Ehrfurcht größte Schwierigkeiten haben – und nur ihre Sehnsucht, die davon gerade befreit, kann ihr helfen.

Aber nun wollen wir Novalis zu Hilfe rufen. Wir wollen alles versuchen, damit aus der gewöhnlichen Tür etwas vollkommen anderes wird – und die Tür einfach aufhört, eine gewöhnliche zu sein...

Indem ich dem Gemeinen einen hohen Sinn gebe...

Wir haben uns ein einfaches Beispiel gewählt, denn bereits hinter der Schwelle *wartet* der hohe Sinn ja auf uns. Wir brauchen in tiefster Hinsicht eigentlich nicht viel mehr zu tun, als uns dessen bewusst zu werden, was wir im Grunde schon wissen: nämlich dass dies die Tür zu dem heiligen Weiheraum ist. Je heiliger uns das Geschehen, das sich hinter dieser Tür ereignen wird, werden kann, desto heiliger wird uns auch schon die Tür selbst werden können, weil unsere heiligen Empfindungen der Ehrfurcht einfach *bis zu ihr* reichen können werden.

Und wir können dies nun ganz bewusst und mit großem Ernst tun: Indem ich dem Gemeinen einen hohen Sinn gebe... Es ist nun keine gemeine Tür mehr, es ist die heilige Tür zu dem Weiheraum – nicht nur er ist heilig, sondern sie mit ihm. Sie als treue Wächterin, sie als Beschützerin, schützend auch vor unserer eigenen Profanität, die wir aber nun ablegen wollen, dankbar, dass sie uns auch vor uns selbst geschützt hat, eine Schwelle bildend, einen Schutz, nur diejenigen einlassend, die ihr Inneres würdig genug gemacht haben. Heilige Tür, ja, sie hat einen hohen, heiligen Sinn, heiligste Bedeutung... Wir erleben es, wir empfinden es, wir *sehen* es...

Selbstlos dienend ist diese Tür, wie die Kerzen des Weihnachtsbaumes. Schön und treu wie sie steht sie da, gleichsam auch sie brennend in ihrer schlichten Selbstlosigkeit. Sie erfüllt ihre heilige Aufgabe, ohne dass sie je jemand beachtet hätte. Nun aber sehen wir sie in ihrer ganzen Schönheit. Es ist die Tür zum Weiheraum... Es ist unvorstellbar, dass sie fehlen würde. Und tief können wir uns in die Bedeutung dieser Tür versenken. Sie hat einen hohen Sinn. Und die hingebungsvolle Aktivität unserer Seele gibt ihr nur zurück, was ihr wahres Wesen ist.

Rufen wir in unserer Seele *alle* heiligen Empfindungen auf, die sich an das Heilige hinter der Tür knüpfen – und schenken wir dies auch bereits ihr, denn sie ist Teil dieses Heiligen, wir wollen, indem wir auf sie schauen und sie erblicken, auch bereits alles empfinden, was mit dem Heiligen hinter ihr zu tun hat, dies soll ganz eins werden...

Und dann:

dem Gewöhnlichen ein geheimnisvolles Ansehn...

Galt die erste Zeile mehr der *Bedeutung* des Gesehenen, so spricht Novalis jetzt noch mehr von dem sinnlichen Eindruck selbst. Die Seele kann dem Gewöhnlichen ein geheimnisvolles Ansehen geben...

Es ist, wie wenn der hohe Sinn jetzt nicht unmittelbar ‚gewusst' wird, sondern wie wenn er nur gleichsam hindurchschimmert. Die Seele weiß den hohen Sinn vielleicht nicht, vielleicht gibt es auch keinen, aber das Gewöhnliche verliert sich, und an seine Stelle tritt etwas Geheimnisvolles. Auf einmal hat die Tür etwas Geheimnisvolles. Was mag sich hinter ihr verbergen? Ist es uns überhaupt schon einmal bewusst geworden? Vielleicht liegt dahinter in voller Wirklichkeit ein wahres Märchenreich? Nichts Gewöhnliches hat die Tür mehr, sie hat nur noch ... ein geheimnisvolles Ansehen. Sie ist umgeben und durchdrungen von Geheimnis. Sie ist Botin des Geheimnisses. Sie ist selbst Geheimnis, voller Geheimnis...

dem Bekannten die Würde des Unbekannten...

Wiederum mag dies ähnlich klingen, und doch liegen in den Nuancen wirkliche Unterschiede. Wieder wird die gewöhnliche, gewohnte Wahrnehmung völlig durchbrochen und verwandelt. Nun gibt die Seele dem, dem sie gegenübersteht, nicht ein geheimnisvolles Ansehen, sondern die Würde des *Unbekannten*. Das Unbekannte mag auch geheimnisvoll sein, es ist *unbekannt* – und gerade das ist seine Würde.

Die moderne Seele kann gar nicht anders, als alles in Schubladen zu stecken. Die ‚Aburteilung' der Dinge geht in unserer schnelllebigen und völlig von ‚Informationsgehalt' überlasteten Welt immer schneller. Ein kurzer Rasterblick – und schon steckt die Seele jede Wahrnehmung in eine Schublade. Eine Tür? Aha, eine Tür. Dass *keine* Tür wie die andere ist, wird überhaupt nicht mehr bemerkt. Hier aber beginnt gerade das Mysterium der *Wahrnehmung*.

Am ehesten kann man es vielleicht noch an Kindern erleben. Auch wenn die Eltern es hier ebenfalls nicht wahrnehmen, ist doch ein Kind ein immer sich entwickelndes Wesen. In wenigen Jahren wird es erwachsen, aber an jedem Tag ist es *anders*. Und selbst der Erwachsene ist an jedem Tag anders – und sei es, dass er nur wiederum einen Tag älter geworden ist... Die Seele kann lernen, all dies zu *empfinden*, in seinen wirklichen, im Grunde tiefgreifenden Unterschieden. So, wie niemand ‚zweimal in denselben Fluss steigen kann', so ist *nichts* in zwei verschiedenen Momenten völlig gleich. Nicht einmal der ewige Fels. Aber all dies kann man nur empfinden lernen – das Mysterium der Wandlung in der *Zeit*.

Die moderne Seele denkt nur noch mit dem Intellekt – und so nimmt sie auch wahr. Sie denkt dann in Begriffen und kategorisiert, ohne das besondere Einzelne überhaupt noch zu *sehen*. Eine Tür ist dann eben eine Tür – aber dass es *diese* Tür ist, kommt einer Seele vielleicht überhaupt niemals zu Bewusstsein. Sie geht wie blind daran vorbei – es ist eben das Bekannte.

Hier liegt auch die Quelle aller Vorurteile. Man schließt von einem Fall auf den anderen – obwohl dies dem Einzelfall nur Unrecht tun kann. Dem Einzelnen, Konkreten wird wirklich all seine Würde genommen, wenn es unter das Allgemeine gezwungen wird.

Man könnte formulieren: ‚Die Würde der Dinge ist unantastbar.' Und dies würde bedeuten: Jedes Ding hat das Recht, in seinem vollen, wahren Sein angeschaut zu werden – nicht verglichen, auch nicht mit dem, was man gestern gesehen zu haben glaubte. Die Würde der Dinge liegt gerade in einem immer wieder neuen ‚Sehen wie zum ersten Mal'. Und nicht nur ‚wie', sondern wirklich. Immer wieder neu sehen *als* ein erstes Mal.

In der Liebesbeziehung zwischen Menschen weiß die Seele bis in größte Tiefe, was dies bedeutet: das erste Mal... Es ist unwiederholbar, für immer. Es gibt nur *ein* erstes Mal. Und doch kann die Seele sich in eine heilige Erziehung bringen – in der sie jede Kategorisierung ablehnt und ihre Wahrnehmung selbst gleichsam in eine heilige Quelle taucht, um etwas, was sie gesehen hat, beim nächsten Mal dennoch wieder wie ein allererstes Mal wahrzunehmen.

Das Mysterium, das wir hier berühren, ist gleichsam die eigene Unschuld der Seele selbst. Die Seele kann den Dingen und dem scheinbar Bekannten nur dann die Würde des Unbekannten schenken, wenn sie sich selbst ganz mit Unschuld durchdringen kann – sie selbst muss gleichsam die Augen öffnen wie eine gerade erst Geborene, in tiefster Unschuld... Und dann überkleidet *ihre* Unschuld in der Wahrnehmung auch die Dinge mit ihrer wahren Unschuld, und die reine, neu geborene Seele schaut die Dinge in ihrer vollen Würde des Unbekannten...

Das bedeutet nicht, dass man nicht weiß, was ‚eine Tür' ist. Aber es geht nicht um eine Tür, es geht um *diese* Tür – und *diese* Tür hat man noch nie gesehen. Und selbst wenn man sie gesehen hat, man kann dies völlig vergessen, und sie in reinster Unschuld anblicken und jede Einzelheit an ihr entdecken wie noch nie gesehen. Es ist im Grunde das Geheimnis *ewiger Liebe* – denn die Liebe stirbt nur an der Gewohnheit...

Und wenn die Wahrnehmung so rein und erfüllt von Zauber, unschuldiger Neugier und heiliger Unbefangenheit sein kann, dann verwandelt sie auch wiederum das, was die Seele an ‚Begriff' in sich trägt. Dann trägt jede neu erblickte Tür zu einem Wachsen und Sich-Vertiefen des Begriffes ‚Tür' bei. Die Seele, die jede Tür wieder neu in ihrer vollen Würde des Unbekannten anschauen kann, mit knospen-reinem Staunen und unschuldigem Schauen, sie findet auch erst den vollen, heiligen Begriff dessen, was eigentlich wesenhaft das Wunder ‚Tür' ist, immer wieder neu... Keine Schublade mehr, keine Intellektualität, staunendes, tiefstes Begreifen, heiliges Anschauen in heiligem Berührtwerden durch das Angeschaute...

Und so lebt auch in dem Kind der allertiefste Begriff dessen, was ein ‚Weihnachtsbaum' ist – weil das Kind in aller Radikalität noch das Wunder des Unbekannten kennt. Keine Schublade, nur alles erfüllendes Staunen...

Und schließlich:

Indem ich dem Endlichen einen unendlichen Schein gebe...

Hier schließt sich der Kreis. Denn diese vierte Zeile bildet wieder eine Brücke zu der ersten, wo von dem hohen Sinn gesprochen war. Der hohe Sinn ist nicht sinnlich sichtbar, er ist übersinnlich – er muss von der Seele durch den heiligen

Gedanken der *Bedeutung* und durch die sich daran anknüpfenden Empfindungen dem sinnlich Sichtbaren wiedergegeben werden. Jedes Ding mag einen hohen, heiligen Sinn haben, aber erst die Seele kann ihn *erkennen* – er ist nicht sinnlich sichtbar, er ist nur übersinnlich *erlebbar*.

Dieser hohe Sinn ist aber gerade dasjenige, was über die endliche Erscheinung hinausgeht. Wenn die Tür zu dem heiligen Weiheraum in Jahrhunderten zerfällt, kann sie ihren hohen Sinn nicht mehr erfüllen – doch dieser hohe Sinn ist unabhängig von ihrer äußeren Erscheinung. Er ist zeitlos, ewig. Es ist für immer der Sinn dieser Tür, auch wenn die Tür selbst nicht für immer existiert.

Und so kann die Seele den Dingen einen unendlichen Schein geben – wenn sie empfindet oder zumindest erahnt oder sich bemüht, zu erahnen, dass *hinter* der äußeren Erscheinung noch etwas lebt, was in dieser Erscheinung nicht aufgeht, sondern was größer ist als sie, heiliger, ewiger...

Indem man von den Dingen nicht nur empfindet, dass sie eben ‚Dinge' sind, sondern indem man hinter allem Einzelnen *noch* etwas zu sehen lernt, was seine Würde ausmacht, nicht nur die Würde des Unbekannten, jedes Mal wieder neu Gesehenen, sondern auch seine Würde *überhaupt* – sein Geheimnis, seinen hohen Sinn, sein aus der Unendlichkeit in die Endlichkeit hineinragendes Wesentliches ... öffnen sich der Seele die Augen für das über den Sinnenschein Hinausgehende...

Wenn Novalis sagt ‚Schein', so deutet er an, dass es zunächst reicht, nur eine Art erste *Ahnung* zu empfinden. Schon dies reicht, um es dem Endlichen zu ermöglichen, dann auch tatsächlich immer mehr durch-scheinend zu werden für das Unendliche. Mag das als Ahnung Hinzugetragene zunächst selbst wie ein Schein wirken, eine Illusion, es ist doch der Beginn, den bloßen *Sinnenschein* zu überwinden. Die Seele hat mit ihrer eigenen inneren Aktivität ihren inneren Sinn geöffnet, um den unendlichen Schein wirklich auch wahrzunehmen. Immer ist ihre innere Aktivität nur der Beginn, dasjenige wahrzunehmen, was sich mit ihrer Hilfe nun auch wirklich *offenbart*.

*

Auch für das Urbild des Romantisierens, die romantisierende Liebe, gilt, dass der Liebende dasjenige wirklich *wahrnimmt*, was niemand anders wahrnimmt. Vielleicht ist es selbst an der geliebten Person noch nicht einmal volle Wirklichkeit – aber dann nimmt er eben sogar die Zukunft wahr, die doch mit dem wahren Wesen des geliebten Menschen innig verbunden ist, auch schon zu diesem wahren Wesen gehört.

Der nüchterne, profane Blick ist nüchtern auf das scheinbare ‚Ist' gerichtet, auf Vor- und Nachteile, auf Stärken und Schwächen, auf Schönes und Hässliches. Er vergisst nur, wie profan er selbst die Dinge macht – und wie hässlich er selbst ist in seiner Empfindungslosigkeit. Der Mensch erreicht in dieser Nüchternheit vielleicht sein klares Selbstbewusstsein, und dies ist auch ein wichtiger Punkt in der Menschheitsentwicklung, aber es geschieht dies um den Preis, den wir bereits kennengelernt haben: um den Preis der völligen Entseelung und Entzauberung der ihn umgebenden Welt.

Nun aber kann die Seele *mit* ihrem neu gefundenen Selbst – gemeint ist die Klarheit ihres Selbstbewusstseins, nicht der daran sich anknüpfende Stolz, der Selbstbezug, die Genusssucht und so vieles andere – wieder den Weg zurück aus ihrer Verlorenheit finden.

Der nüchterne Blick friert die Wirklichkeit gleichsam ein, er tötet sie, lässt sie erstarren, und stellt dann kalt und nüchtern fest, was er sieht – er sieht aber nur das eigene Produkt, eine tote, seelenlose Welt. Der *magische Idealismus* sieht gleichsam das Allerbeste. Er macht die eigene Seele so rege, dass sie das Allerbeste in die Welt hinein-sieht – aber damit gibt die Seele der Welt nur wieder, was sie ihr vorher durch ihre kalt-nüchterne Art ausgesaugt hat.

Das Romantisieren im Sinne von Novalis ist keine blind-illusionäre Idealisierung, es ist eine bewusste Verlebendigung aller Seelenkräfte, um der Welt dasjenige zurückzugeben, was eine allzu gestorbene Seele ihr zuvor genommen hat.

Die Seele muss dies allmählich erleben lernen. Dazu ist auch das uralte Dogma zu überwinden, dass alle Aktivität der Seele subjektiv wäre. Nichts ist weniger wahr. Es gibt Subjektives und Objektives, und die Seele muss lernen, dies zu unterscheiden. Selbstbezug ist subjektiv, Freiheit von Selbstbezug ist nicht subjektiv. Liebe hat zumeist subjektive Anteile, in Wirklichkeit aber ist sie die allertiefste *Erkenntniskraft*. Selbst der Wissenschaftler könnte ohne Liebe nicht erkennen. Auch wenn sie sich bei ihm zu bloßem ‚Interesse' an seiner Forschungsfrage ernüchtert, bleibt es doch eine Kraft, ohne die überhaupt nichts erkannt werden könnte. Dennoch erkennt der nüchterne Wissenschaftler nur die absolute Außenseite der Dinge – in der Regel das Mathematisch-Physikalische. Je tiefer aber die Liebe wird, desto mehr erkennt sie.

Indem die Seele die vier Schritte von Novalis wahrzumachen versucht, an einer Tür, gibt sie sich *auch* selbstlos und in Liebe diesem Versuch hin. Jede dieser vier Zeilen führt die Seele neu in eine Selbstlosigkeit hinein, die *Liebe* genannt werden muss. Denn ohne Liebe würde die Seele dies nicht tun. Es führt sie gerade von sich selbst fort – und hinein in eine Hingabe an diese Tür und an ein tiefes, heiliges Erkennen. Und je mehr die Seele sich von ihrer gewohnten, gewöhnlichen, profanen und bequemen Erkenntnishaltung entfernt und diese ablegt, um so mehr kommt sie hinein in dieses heilige Erkennen, das gerade deshalb Liebe ist, weil die Seele sich mit all ihren Kräften der Hingabe an ein einzigartiges Erkennen einer einzigartigen Erscheinung hingibt...

Was hier geschieht, ist ein Zweifaches: Die sich entfaltende Erkenntniskraft wird Liebe – und die sich entfaltende Liebe wird Erkenntniskraft. Es ist gar nicht ein Getrenntes, beides ist ein und dasselbe. In der Bibel heißt es noch: ‚Sie erkannten einander', wenn zwei Menschen sich in Liebe vereinigten. So ist es auch hier. Hingabe *ist* Liebe – und der magische Idealismus von Novalis ist größte Hingabe. Aber gerade diese größte Hingabe wird zur tiefsten Erkenntnis, weil sie in ihrem Schauen alles befreit, was vorher durch den Mangel an Liebe in die Verzauberung der abstrakten Erstarrung gebannt wurde.

Und die Ehrfurcht?

Wenn die Seele die vier Zeilen von Novalis in Bezug auf die Tür wirklich wahrzumachen vermochte, ist die Ehrfurcht wahrhaftig da – denn so, wie der heilige Raum, zu dem sie führt, steht auch die Tür selbst in ihrer ganzen heilig-wahren Schönheit da, in ihrem ganzen heilig-hohen Sinn, in ihrem geheimnisvollen Ansehen, in ihrer tiefen Würde des wie zum ersten Mal Angeschauten und durchdrungen von dem heiligen Schein des Unendlichen... Die Seele kann unmittelbar die Ehrfurcht empfinden, weil sie *sieht*, was die Tür wirklich ist ... ihrer Hingabe an das Heilige steht keinerlei Hindernis mehr entgegen, auch nicht in ihr selbst. Sie hat sich ganz von *sich* befreit – und steht unverhüllt dem Heiligen gegenüber...

Mit der Hilfe von Novalis, jenem ewig-jungen Dichter Friedrich von Hardenberg, können wir wieder das Reich der Wunder aus seiner Verzauberung erlösen. Mit Novalis betreten wir es von neuem – die wahre Heimat...

Aber dieser Weg braucht unsere Hingabe. Die Seele findet ihr heiliges Leben nicht ohne ihre volle Hingabe. Sie hat es gerade verloren. Und jeder kleine Schritt, es wiederzufinden, braucht ihre aufrichtige Hingabe und Aktivität. Alles muss *sie* sich zurück erringen. Es ist, wie wenn sie fortwährend von gütigen, liebenden Mächten geprüft würde: O Seele, wie ernst ist es Dir damit...? Du darfst Dir alles erringen, als Dein wahres Eigentum, aber nur durch wahre Hingabe wird es sich Dir zueigen schenken. Prüfe Deinen aufrichtigen Ernst! Und wenn es Dir ernst ist, wirf alle profane Passivität und Bequemlichkeit von Dir und lebe in Hingabe! Brenne wie die heilige Kerze, brenne in Hingabe an die Welt – und schenke durch Deine heilige Hingabe der Welt ihre wahre Gestalt zurück...

Und wir haben ein heiliges Vorbild, und das ist das *Mädchen*. Wenn wir *ihrem* Wesen folgen, wird ihr Wesen uns lehren. Das Mädchen hat keine Schwierigkeiten mit dem Weg von Novalis. Sein Wesen ist ja die Hingabe. Und so hat das Mädchen den Zauber der wahren Wirklichkeit niemals verloren – sie ist gleichsam seine wahre Hüterin.

Das Mädchen hat keine Schwierigkeiten, dem Gemeinen einen hohen Sinn zu geben, denn für das Mädchen gibt es das Gemeine nicht. Wo sich aber das Gemeine offenbart, sagt dem Mädchen sein eigenes Herz, das auch dies noch einen Sinn haben muss, dass es in Gottes Welt nichts Sinnloses gibt. Es ist das eigene, liebende und unschuldige Herz des Mädchens, das das Gemeine in der Welt nicht kennt – und alles Gemeine auf eine Stufe hebt, in der es doch Anteil an der Welt des *Guten* haben kann.

Und wiederum ist es das reine Herz des Mädchens, das allem Gewöhnlichen ein geheimnisvolles Ansehen gibt. Jeder Andere mag etwas als gewöhnlich betrachten. Das Mädchen vermag an demselben Etwas noch das Besondere, das Schöne, das Einzigartige zu entdecken. Für das Mädchen *gibt* es das Gewöhnliche schlicht nicht, weil sein eigenes reines Herz alles mit diesem heiligen Blick des allerersten Males betrachten kann. So schenkt es den lieben Dingen immer wieder neu die Würde des Unbekannten. Seine Augen blicken mit *Liebe* auf die Welt. Und die Liebe sieht die Schönheit der Dinge – und sieht sie immer wieder neu.

Und schließlich sieht das Herz des Mädchens auch in allem den Schein des Unendlichen, weil für sein Herz nichts aus dem Reich des Unendlichen herausfällt, egal, wie endlich es in seiner äußeren Erscheinung sein mag. Für das reine Herz des Mädchens bleibt alles in Gottes Hand, verbunden mit dem geheimnisvoll-göttlichen Ursprung, verbunden mit dem tiefen Sinn, verbunden mit dem Zauber, den die ganze Schöpfung nun einmal hat. Wir haben dafür keinerlei Empfindung mehr. Das reine Herz des Mädchens *fühlt* dies noch ganz deutlich...

Ehrfurcht ... heilige Empfindung der Seele, die sie gegenüber allem haben kann. Ehrfurcht ist die Empfindung der Zukunft – oder die Welt wird untergehen.

Kann man wirklich glauben, dass die Welt bestehen bleiben wird, wenn die Seele auch die letzten Reste ihrer heiligen Empfindungen noch verlieren wird?

Die gigantische Profitgier und Weltbeherrschungssucht der Riesenkonzerne Monsanto/Bayer und Nestlé, die mit ihren Krallen das Feld der Samen und des Wassers – also *die* Kräfte des Lebens schlechthin – in ihre alleinige Macht bekommen wollen, sind nur die Spitze des Eisberges. Der immer härtere Konkurrenzkampf in einer Welt, die längst nicht mehr genug bezahlte Arbeit für alle Menschen hat, weil überall Menschen ‚eingespart' werden und die Politik hilflos zuschaut oder Schlimmeres, ist ebenfalls nur die Spitze desselben Eisberges der Kälte.

Der *große* Eisberg aber besteht in dem generellen Verschwinden der Seele – in jedem einzelnen Menschen. Und die Kräfte, die die Seele vernichten, sind ungeheuer stark. Dazu muss man nur einen unbefangenen Blick in die Welt werfen, in der die Seelen sich immer mehr aufhalten – das Internet.

Überall poppen Werbeblöcke auf, aggressive Blinkfelder, sinnloseste Botschaft, die nur noch wüst seelentötend sind. Es tobt ein Kampf um die Aufmerksamkeit der Seelen – mit Mitteln, die nicht nur keinen Sinn haben, sondern die alles immer mehr ins Negative verschieben: vom schon völlig Sinnlosen zum *noch* Sinnloseren... Die seelenlose Leere der Botschaften schreit gleichsam millionenfach zum Himmel – nur sind keine Ohren mehr da, es zu hören...

Schönheit spielt keine Rolle mehr, es muss ‚modern' aussehen, schrill, blinkend, die Sinne einfangend. Eine schlichte, übersichtlich strukturierte Webseite wirkt für die moderne, konditionierte Seele bereits wie von vorgestern, aus der Anfangszeit des Internet, und selbst das ist erst eine Generation her. Die Entwicklung ist rasend geworden...

Man muss einmal darauf achten, was heute als ‚modern' gilt, überall. Das Schlichte wird geradezu ausgerottet. Es muss das Gegenteil sein. Die Seele darf gar nicht mehr zu Atem kommen. Sie muss atemlos staunen vor den ganzen ‚Möglichkeiten' und ‚Modernitäten', die ja alle nur für sie, die Seele, geschaffen worden sind. So lautet die monströse Suggestion: Es ist alles für dich! Bedien dich! Sauge besinnungslos alles auf – das Internet ist ein Meer, das dich aufsaugt, um dich nie wieder auszuspucken...

Sinnlos sind auch die verschiedenen Sendungen im Fernsehen – von ‚Dschungelcamp' bis ‚Germany's Next Top Model'. Wo ist hier noch eine Heimat für die wirkliche Seele?

Dann die Bücher, die heute in millionenfacher Sinnlosigkeit den Markt überschwemmen – und sogar Bestseller werden wie die Serie ‚Top Secret', in der Kinder zu Geheimagenten ausgebildet werden. Die Bücher werden mit der Altersempfehlung ‚ab zwölf Jahren' verkauft. Typisch für den Schreibstil ist folgende Szene aus Band 7 zwischen dem Drogendealer Keith und der zwölfjährigen (!) Agentin Lauren:

‚Ausziehen!', befahl Keith und knöpfte sein Hemd auf. ‚Und dann darfst du herkommen und dich auf meinen Schoß setzen.'
‚Ich schreie', drohte Lauren.
Keith breitete lachend die Arme aus. ‚Schrei, so viel du willst, Süße. Hier kommt niemand angelaufen, um dich zu retten. [...] Du wirst alles tun, was ich sage. Die Frage ist nur, wie weh ich dir tun muss, damit du es tust.'

‚Hast du das schon mal gemacht?', fragte Lauren. ‚Ich meine, eine Zwölfjährige vergewaltigt?'

Grinsend zog sich Keith die Turnschuhe aus. ‚Lass mal sehen, wie frech du in einer halben Stunde noch bist.'

‚Deine Mutter muss ja echt stolz auf dich sein, Keith.'

Das war zu viel. Noch ein Bein in der Hose warf sich Keith auf Lauren. Er versuchte, sie am Hals zu packen, aber sie riss die Hand aus den Leggings, duckte sich und stieß ihm das Messer zwischen die Beine.

Keith schrie vor Schmerz auf und packte Lauren an den Haaren. Warmes Blut lief ihr über die Hand, als sie versuchte, das Messer herauszuziehen, aber der Griff war glitschig, und es steckte fest. Lauren spürte, wie ihre Kopfhaut riss, als Keith sie vom Boden hochzog. Der Schmerz war überwältigend, aber Lauren schaffte es, Keith die Hand unter den Kiefer zu knallen. Immer noch Laurens Haare festhaltend, stolperte er rückwärts und fiel aufs Bett.

Dies sind Bücher für zwölfjährige Kinder heute! Können wir spüren, wie die Welt in weiteren zwanzig Jahren aussehen wird? Wenn die gleichen Kinder im gleichen Alter oder sogar noch früher etwa ‚Die Tribute von Panem' und die Neuverfilmung von ‚Der Planet der Affen' schauen?

Im gleichen Alter wird dann auch so ein epischer Film wie ‚Der Herr der Ringe' geschaut – aber es wird nichts daran empfunden, nichts als die spannenden Kämpfe, die ‚Action'. Die Liebesszenen sind natürlich langweilig – aber das Töten wird eine *Normalität*. In jedem spannenden Film muss getötet werden – sonst ist er nicht mehr spannend.

Und dann gibt es so empfindungslose Eltern, die in einer Amazon-Rezension zur ‚Top Secret'-Reihe schreiben:

Wir wollten unseren Sohn (11 Jahre) schon seit Jahren zu mehr lesen bringen und haben es mit den unterschiedlichsten Büchern ohne Erfolg versucht. Top Secret liest er nun wie kein anderes

Buch zuvor. Der Inhalt ist vielleicht nicht sonderlich hochwertig, aber der Leser bestimmt halt was gefällt....

Also schon in einem so frühen Alter nehmen die Kinder die nackte Brutalität in ihre Seelen auf. Der einzige Nervenkitzel, der noch zählt, ist Spannung – und die einzige Spannung, die irgendwann noch zählt, muss mit Tötungen zu tun haben. Schon die Kinder werden auf Brutalität *konditioniert*.

*

Ein anderes Element, das immer mehr alles durchdringt, ist der seelenlose trocken-sarkastische ‚Humor', der ganz besonders lustig sein soll und ohne den heute kein Animations- oder sonstiger Film und auch kein Buch mehr auszukommen scheinen. Es ist ein Humor, der extrem ‚cool' wirken soll – wie auch der ganze Film, das ganze Buch, cool sein muss. Und die Coolness tötet jedes feinere seelische Empfinden. Kein einziger Film hat mehr eine aufrichtige Schönheit, er *muss* mit dieser Art von ‚Humor' beladen werden, weil er sich sonst angeblich nicht mehr verkauft. Und man hat den Eindruck, dass sich dieses Schema gerade bei Kinderfilmen vervielfacht. Als würde sich die ganze Erwachsenenwelt entweder völlig hilflos bei den Kindern *anbiedern* wollen, in der irrigen Meinung, dass dies allein ‚zieht', weil ja alle Kinder cool sein wollen – oder als würde man in einer Art wirklich schwarzer Pädagogik diese Seelenlosigkeit den Kindern geradezu *einimpfen* wollen.

Coolness ist generell das Gegenteil von Seele, denn Seele ist verletzlich – und Coolness härtet sich gerade ab gegen alles, was verletzen könnte. Kommt jetzt noch cooler ‚Humor' dazu, wird das Gift der seelenlosen Kälte sogar noch in eine verführerische Verpackung gegeben, mit der die Kinder *noch* leichter zu ködern sind. Cool und lustig – die perfekte Mischung, um die Seele des Kindes einzufangen und nicht mehr loszulassen, bis die ‚Gehirnwäsche' sich vollzogen hat. Dann ist die kindliche Seele auf diese Art des Seins geeicht. Auch sie wird nun in diesen Kategorien denken und fühlen, leben und streben – die Empfindungsarmut wird zum *Ideal*...

Für diese Art von ‚Humor' möchte ich auch ein Beispiel geben – eines von unzähligen. Nehmen wir das Buch ‚Mädchenmeute' von Kirsten Fuchs, ausgezeichnet mit dem Deutschen Jugendliteraturpreis 2016. Der Klappentext beginnt: ‚Nur widerwillig fährt Charlotte Nowak, fünfzehn und sehr schüchtern, mit sieben anderen Mädchen ins Sommerferiencamp.' – Die Hauptperson ist also ein angeblich sehr schüchternes Mädchen. Doch schon auf der ersten Seite liest man dann:

Am Anfang hielt mir meine Mutter eine Anzeige aus der Zeitung unter die Nase. Ein Ferien-Fun-Survival-Camp. Mein Muskel zum Schulterzucken war zu der Zeit super trainiert und ungeschlagen im Fliegengewicht der fünfzehnjährigen Mädchen. [...]
‚Da muss man sogar eine Bewerbung schicken. Da wollen bestimmt total viele hin. Stell dir mal vor, und von allen Bewerberinnen nehmen sie dann dich.'
Das klang für mich, als ob ein Typ mit Luftballons aus dem Gebüsch springt, wenn man in einen Rest Hundekacke gelatscht war. Mit einem Schild: Sie sind der einhundertste Besucher dieser Hundekacke.

Also selbst dieses angeblich ‚sehr schüchterne' Mädchen hat die Norm, dass alles mit einem supercoolen trockenen Humor durchzogen werden muss, vollkommen verinnerlicht. Es ist überhaupt nicht schüchtern; seine Innenwelt, wie sie hier beschrieben wird, ist genauso seelenlos wie die Innenwelt all der anderen Millionen Akteure in den Büchern, Filmen und Animationsfilmen – die erst dann vielleicht wieder ein wenig

Seele bekommt, wenn es ihnen gelingt, ihren Humor für Momente auch einmal *abzulegen*. Denn erst dann kehren Wärme und Seele wieder, die in einer Welt der coolen Kälte überhaupt nicht leben können...

Es ist tief erschreckend, wie weit die absolute Diktatur der Vereinheitlichung in alle Winkel der medialen Welt bereits vorgedrungen ist. Auch hier gilt: Wer nicht immer neue Gipfel der Coolness und dieser Art von Humor erklimmt, ist von vorgestern, überhaupt nicht mehr ernst zu nehmen...

*

Es ist so unendlich wohltuend, wenn dann die neunzehnjährige Lina Maly in ihrem Debütalbum ‚Nur zu Besuch' singt:

> Ich mag die Dinge, die du tust,
> mehr als die Worte, die du sagst,
> und das Gesicht der grauen Stadt
> mehr als die Art, wie du sie ausmalst.
> Ich mag die Risse im Asphalt
> und alle Steine auf dem Weg.
> Ich brauch' kein Ziel, um mir zu merken,
> dass mich irgendwas bewegt.
>
> Aber alles soll und alles muss,
> aber alles geht und jeder will
> perfekt sein, perfekt sein...
>
> Sind wir denn nie schön genug?
> Ist es hier nie schön genug?
> Sind wir denn nie schön genug?

Die Welt braucht Seelen, in denen *dies* ein gleichsam heiliges Lebensgefühl wird. Eine Schönheit der Seele, die eine tiefe und immer tiefere *Liebe* zum Kleinen hat, zu dem Stillen, zu dem, was wirklich Sinn in sich birgt...

Unsere Welt hat sich einen derart zerstörerischen Lebensstil und ein derart zerstörerisches Tempo angeeignet, dass nur noch der vollkommene Wandel sie retten kann – aber dieser Wandel kann nur von innen kommen. Es ist ganz und gar die *Seele*, die sich wandeln muss. Wenn *sie* sich nicht wandeln kann ... wird sich nichts wandeln. Dann wird es alles so weitergehen – und in die totale Zerstörung münden.

Wir glauben das nicht, weil es doch ‚auch bisher immer gut ging' und weil es uns doch überhaupt noch immer ‚wunderbar' geht und die grenzenlosen Möglichkeiten des Konsums jegliche Wahrnehmung der Katastrophe völlig benebeln. Aber die wirkliche Seele könnte längst ihre Augen auftun – und sie würde entsetzt sein von den unzähligen Zeichen, die zeigen, wie sehr wir uns von allen Seiten der Katastrophe nähern. Es ist die gedankenlose, seelenlose und desinteressierte, laue *Bequemlichkeit*, die der wirklichen Seele die Augen verschließt. Noch immer sind die Seelen viel zu selbstbezogen, um sich für die Welt zu interessieren.

Die Welt wird aber nicht überleben, wenn sie nicht eine neue *Heiligkeit* kennenlernt. Sie wird sich mit ihrem Tempo, ihrer Gier, ihrer seelenlosen Kälte und ihrem coolen Humor schlicht zugrunde richten – und dann allenfalls trocken hinzufügen: ‚Na, dann war's das eben...' Das ist die wahre Stimmung einer ganzen Zeit – *unserer* Zeit.

Aber es gibt die Möglichkeit, die Welt zu retten. Und es gibt die Möglichkeit, die Seele wieder so zu heiligen, dass sie tief, unendlich tief erlebt, *warum* diese Welt gerettet werden muss. So zu heiligen, dass die Seele gleichsam bitterlich weinend in die Knie sinkt und sich fragt, warum sie so lange gewartet hat, warum sie so lange und so tief in die Sinnlosigkeit versinken konnte...

Aber wie weit ist der Schritt, der notwendig ist! Wie heilig müssen die Seelen sein, die die Welt braucht und auf die sie verzweifelt wartet!

Lassen wir den ganzen Irrsinn, der in diesem Kapitel nur ganz und gar angedeutet werden konnte, einmal so tief wie möglich auf uns wirken. Und dann wenden wir unsere Seele dem heiligen Gegenteil zu – dem vollkommen unschuldigen Mädchen, einem Mädchen mit einem vollkommen reinen Herzen...[2]

Es ist deutlich, dass dieses Mädchen völlig aus der Zeit gefallen wäre. Alle würden über dieses Mädchen lachen – die Manager von Monsanto und Bayer, die Entwickler der Werbebanner, die coolen Mädchen und Jungen aus den Romanen, den Filmen und aus der Wirklichkeit. Niemand würde des Mädchens *Unschuld* verstehen – man würde sie anstarren wie ein Alien, ein außerirdisches Wesen.

Und das ist sie wirklich. Denn die seelenlosen Seelen haben sich so sehr in das tote *Irdische* verstrickt, dass sie alle heiligeren Empfindungen völlig verloren haben. Diese aber sind nicht von dieser Welt, sondern von einer höheren. Sie kommen wahrhaftig aus den Reichen der Engel. Nur deshalb *erscheint* ein solches Mädchen dann auch wie ein Engel – denn seine Seele ist ganz erfüllt von Empfindungen, die aus diesem Reich stammen, nicht von der Erde...

Das braucht niemand zu glauben. Aber immer mehr müssen wir dahin kommen, lebendig zu *empfinden*, dass es verschiedene Reiche der Wirklichkeit gibt und dass eine so heilige Empfindung wie die Ehrfurcht oder die unschuldige, reine Liebe für alle Ewigkeit durch einen Abgrund getrennt ist von

---

[2] Siehe mein Buch ‚Vom Blick des Mädchens'. Books on Demand 2018.

so einer ‚Empfindung' wie seelenlosem trockenem Humor. Das Eine ist Fülle von warmer Seele, erfüllt von einem heiligen Leuchten, das andere ist gerade Seelen-*Leere*, Abwesenheit von Seele und völlige Abwesenheit von allem, was die Seele erfüllen könnte. Erfüllt wird nur das seelische Vakuum – und dieses wird erfüllt mit etwas, was der wirklichen Seele nur Schauder des aufrichtigen Erschreckens einflößen kann.

Das unschuldige Mädchen würde wirklich grenzenlos erschrecken vor dem kalten, harten und auch schnellen ‚Humor', der den heutigen Seelen so glatt und selbstverständlich von den Lippen geht. Es würde zutiefst erschrecken vor dem grenzenlosen Abwesendsein jeglicher seelischer Tiefe und zarter Empfindsamkeit. Es allein würde das wahre Wesen unserer Zeit *wahrhaft* empfinden – während wir alle längst abgehärtet sind und uns gegen das wirkliche Fühlen längst abgeschottet haben.

*

Die Seele der Zukunft ist Trägerin der Unschuld. Was ist Unschuld?

Die Seele weiß so viel – sie trägt in sich selbst einen tiefen Begriff der Unschuld. Und immer wieder kann dieser vor ihrem inneren Auge zusammenströmen in ein Bild... Aber ihr inneres Auge darf dann nicht teilnahmslos sein, nicht bloß beobachtend, sondern selbst unschuldig, teilnahmesvoll, hingebungsvoll. Unschuld und Hingabe ... die Begriffe gehen ineinander über, sie haben zutiefst miteinander zu tun.

Was die Seele in unschuldiger Hingabe im Bild schaut, in einem lebendig werdenden Bild, ist das unschuldige Mädchen. Dann ist das Mädchen vollkommene Trägerin der Unschuld.

Man könnte auch sagen: Es ist die Unschuld selbst, in Gestalt des Mädchens, das unschuldige Mädchen ist die mädchenhafte Unschuld: Mädchenhaft hat hier einen unendlich positiven Sinn, im Sinne von: ‚märchenhaft', von einem Jungen gar nicht erreichbar. Mädchen – Unschuld, das Mädchen *als* Unschuld. Und die Unschuld in ihrer reinen Form: *als* Mädchen.

Die Unschuld ist mehr als das Mädchen, aber das Mädchen ist auch mehr als die Unschuld. Dennoch ist es ihre reine Trägerin, Offenbarerin.
Das Mädchen ist nicht einfach ein Beispiel für die Unschuld (lat. *exemplum*), es ist ein tiefes Bild (griech. *eidos* – Bild, Idee, Vorstellung). Es ist ein Urbild, das in der Seele so sehr Leben gewinnen kann, dass es ein Ideal wird – etwas, was die Seele mit jeder Faser berührt und dem die Seele mit jeder Faser folgen will, gleichen will.

Ein Ideal ist nicht mehr bloß eine Idee – es ist ein Willensmysterium. Es ist ein Liebesverhältnis. Die Seele nimmt das Geschaute ganz in ihr Herz auf. Und wenn sie es tief genug liebt und sich dem so Geliebten auch selbst hingibt, ihm gleichen wollend, dann nimmt sie das Geliebte auch in ihren Willen auf – und wird so *selbst* das Geliebte, verwirklicht es, offenbart es, wird sein Träger, in Hingabe und Liebe.
Die Seele kann natürlich viele Bilder der Unschuld formen. Jede vorgestellte oder erinnerte Situation, in der Unschuld lebt, ist ein solches Bild. Und die Seele kann auch die Unschuld selbst lieben, ohne Bild, rein den Begriff und das Wesen der Unschuld in sich aufnehmend.
Aber worauf es ankommt, ist immer die Frage, wie stark eine Idee wirklich Leben in der Seele gewinnen kann – wie stark wirklich... Wie wirklich wird sie? Wie verwandelnd wird sie wirklich? Wie sehr bleibt sie bloß Idee – und wie sehr wird sie wahrhaft ... Verwandlerin?

Man kann einwenden: Du kleidest den Begriff, die Idee der Unschuld ja nur deshalb in das Bild des Mädchens, damit du dich verlieben kannst – weil du nicht fähig bist, die reine Idee *selbst* zum Leben zu erwecken. Das kann man sagen. Man erwecke dann eben unmittelbar die reine Idee zum Leben, wenn man kann.

Ich sagte bereits, dass die Seele die Idee, den Begriff der Unschuld tief in sich trägt. Aber das Mädchen ist nicht nur ‚Hilfsmittel' für jene Seele, die nicht im reinen Begriff leben kann oder will. Es ist ganz anders. Das Bild des Mädchens kann nur in dem Maße wahrhaft in der Seele aufleben, *wie* sie bereits auch in dem reinen Begriff lebt. Denn das Wesen der Unschuld *lebt* in voller Stärke in dem Bild des Mädchens, also *hat* die Seele, die das Bild des Mädchens in sich lebendig macht, den Begriff längst. Aber sie nimmt ihn nicht in seiner universellen Allgemeinheit auf, sondern in der Gestalt seiner reinsten Offenbarerin – seines Urbildes.

Die entscheidende Frage ist nicht: Wie denke ich möglichst den reinen Begriff, sondern: Wie *durchdringe* ich mich mit dem Wesen des Gesuchten?

Wer im reinen Denken durch den reinen Begriff der Unschuld *unschuldig* werden kann, bis in den Willen, bis in sein eigenes Wesen hinein, der mag den Weg des reinen Begriffs gehen.

Wer im Sich-Versenken in das Bild des Mädchens in seiner reinen Unschuld von *seinem* Wesen so berührt werden kann, dass das Wesen des Mädchens auch ihn unschuldig macht, weil das Wesen des *Mädchens*, das die Unschuld trägt, ihn verwandelt, der mag diesen Weg gehen.

Beide Wege sind *heilig*, denn die Unschuld selbst ist es.

Im Bild des Mädchens ersteht auch der Begriff der Unschuld selbst in der Seele zu wahrem Leben auf. Christus ist das Bild und Wesen des unschuldig sterbenden Gottes-Menschensohnes, der um der Sündenkrankheit der Menschheit willen durch den Tod geht. Das Mädchen ist das wesenhafte Ur-Bild der heiligen menschlichen *Unschuld*, wie sie in jeder menschlichen Seele, überdeckt von ungezählten Schichten mangelnder Unschuld, noch immer verborgen schlummert. Man möchte sagen: In ihrem innersten Wesen ist die wahre Seele Mädchen – so unschuldig wie das Mädchen. Und doch hat sie dieses Wesen verloren...

Indem die Seele das reine Bild des Mädchens in sich erweckt, geht sie den ersten Schritt in ihre eigene Zukunft.

*

Das unschuldige Mädchen... Kein Arg lebt in ihrem Herzen. Rein und still leuchtend blicken ihre Augen. Versenken wir uns in ihr Bild, ihr lebendiges Wesen. Sie trägt ein Kleid... Warum? Weil auch das Kleid das Wesen des Mädchens offenbart. Sanft fließt es herab, unschuldig folgt es ihrer Gestalt, ihren Bewegungen. So ist auch das Kleid selbst ein Bild der Unschuld. Weich und fließend, offen und verletzlich – Unschuld... Aber auch: regsam, beweglich, nicht tot und fest, sondern selbst scheinbar von innerem Leben erfüllt, aber nicht Eigenleben, sondern stets treu seiner Trägerin folgend. So lebendig, offenbart das Kleid gleichsam die innere, sanfte Lebendigkeit seiner Trägerin und erhöht und vertieft nur ihre Anmut...

Lebendig aber ist die Seele des Mädchens gerade *durch* ihre Unschuld. Unschuld ist mehr als nur die Abwesenheit von Schuld. Oder wir müssen auch den Begriff der Schuld tiefer fassen. Unschuld... Wir spüren doch, dass dies viel weiter reicht als bloß bis zum juristischen Begriff der Schuld? Unschuld ist die Abwesenheit von *jeglicher* Schuld, ja sogar von Schuld*fähigkeit*.

Unschuld ist nicht einfach nur passives Noch-nicht-schuldig-geworden-Sein. Unschuld ist gleichsam ein Niemals-schuldig-werden-Können. Es ist eine tiefe *Liebe zum Guten*, stärker noch: ein unerschütterliches *Leben* im Guten. Das Gute aber ist das Wohl, das Hüten von allem, was um einen ist. Unschuld, lebendige Unschuld, ist also das Gegenteil von Eigensinn und Eigennutz, sie ist All-Liebe...

Der tiefere Begriff der ,Schuld' liegt also gerade im Eigensinn, im Selbstbezug. Davon ist das Mädchen ganz frei. Gerade das ist ihre Unschuld. Ihre Unschuld ist gerade die tiefe Liebe, die nicht durch irgendeinen Selbstbezug gebremst oder verfälscht, ja pervertiert wird. Die Liebe des Mädchens ist nie versteckte Eigenliebe, sie ist immer *aufrichtig*. Und sie ist nicht wählerisch, auch darin nicht eigensinnig, sie ist nicht selektiv, sondern sie umfasst von ihrem Wesen her alles, was das Mädchen umgibt. Es ist unschuldige Liebe *an sich*, die keine Grenze zieht.

Das heißt nicht, dass das Mädchen alles gleich liebt. Es heißt nur, dass es von seiner Liebe nichts ausschließt.

Das ist die Unschuld des Mädchens – in Wahrheit ist es zugleich Liebe. Abwesenheit von Selbstliebe. Abwesenheit von Verhärtung. Abwesenheit von dem durch die Ur-Schuld des Menschen entstehenden Mangel an Liebe. Das ist des Mädchens Unschuld. Es ist ein heilender, heiliger Zustand – der Ur-Zustand der Menschenseele.

Die Unschuld des Mädchens, die zugleich Liebe ist, ist zugleich aber auch ein feinster, innigster Sinn für die Schuld. Deswegen liebt das Mädchen nicht alles gleich. Am tiefsten liebt die Unschuld die *andere* Unschuld, die ihr gleich ist. Denn vor der Schuld, vor der Verhärtung des Selbstbezuges, der anderes abweist oder selbstisch begehrt, *erschrickt* sie. Sie will dieses Selbstische, Harte nicht weniger mit ihrer

Liebe umfangen, doch gleichzeitig schreckt sie vor ihm zurück, denn es ist ihr und ihrem Wesen so fremd.

Das ist in aller Tiefe des Mädchens Unschuld. Sie will sogar das Böse nicht von ihrer Liebe ausschließen – ja, sie will ihm womöglich noch viel aufrichtiger Liebe schenken, auf dass es wieder gut werde. Doch schreckt ihre Seele vor ihm auch zurück, weil sie selbst so sanft, so nur gut ist. Wenn wir dies alles tief empfinden, dann spüren wir sehr umfassend, was Unschuld wirklich ist.

*

Die Unschuld des Mädchens hat auch mit seiner Sanftheit zu tun. Diese Sanftheit offenbart sich einerseits in seiner Hingabe, andererseits in seiner Wehrlosigkeit und Schwachheit.

Die sanfte Hingabe des Mädchens lebt schon in jeder einzelnen Wahrnehmung. Ohne alles auf sich zu beziehen und seinem eigenen, schnellen Nutzen unterzuordnen, nimmt das Mädchen die Dinge und Wesen in ihrem eigenen Sein wahr – *durch* seine sanfte Hingabe an jeden einzelnen Eindruck.

Die tiefe Bescheidenheit, ja unschuldige Selbstlosigkeit des Mädchens erkennt noch den bescheidensten Holzklotz oder das unscheinbarste Spinnweb in seinem Eigensein, seiner stillen Schönheit. So ist des Mädchens Welt eigentlich ein Wunder – weil sie selbst eines ist. Das Wunder der Unschuld sieht das unschuldige Wunder in allem. Es ist der sanfte Blick, der das sanfte Geheimnis aller Dinge enthüllt – weil er nicht besitzen will, nicht urteilt, nicht ausnutzt, sondern einfach nur wahrnimmt, in Liebe, gleichsam sanft streichelnd. Indem der unschuldige Blick des Mädchens im Grunde in reiner Liebe lebt, *schenken* sich ihm die Dinge in ihrem reinen Wesen.

Die Sanftheit des Mädchens liegt in ihrer übergroßen Hingabefähigkeit – und diese hat zu tun mit der tiefen Wehrlosigkeit des Mädchens. Selbst wenn sie wollte, könnte sie sich nicht behaupten, wenn etwas Stärkeres sie unterwerfen wollte. Zugleich ist ihr ganzes Wesen auf die Hingabe gerichtet. Sie *will* sich gar nicht widersetzen – aber sie *will* auch nur an das Gute glauben. Sie will ganz und gar eine Welt, in der man sich nicht widersetzen muss, in der die Hingabe die wahre und unschuldige Form des Wahrnehmens, aber auch des Lebens und Helfens überhaupt ist. Unschuld – Sanftheit – Liebe. Die Begriffe gehen ineinander über. Im Wesen des Mädchens vereinen sie sich...

Deshalb aber schreckt das Mädchen vor dem Bösen leise zurück – es ist ihm fremd, *und* das Mädchen hat keine Abwehr dagegen, es ist wehrlos, weil es schwach ist. Als schwaches Mädchen schreckt es vor der Gewalt des Bösen zurück, als unschuldige Seele vor dem schieren Mangel an Liebe. Der schwache Leib des Mädchens schreckt gleichsam vor der physischen Rohheit zurück, seine reine Seele aber vor der Unmoralität des Bösen.

Und doch kann man sich dies auch als rein seelische Reaktionen vorstellen. Es kann sein, dass die Seele des Mädchens dies alles in feinster Tiefe empfindet – und dennoch vor dem Bösen nicht zurückschreckt. Dass es also ganz und gar die Fremdheit zu seinem eigenen Wesen empfindet – die erschreckende Fremdheit sogar – und trotzdem nicht zurückschreckt, sondern mit gleichsam ebenso sanftem *Mut* dem Bösen begegnet.

Nun hat es zwei Möglichkeiten. Es kann versuchen, dem Bösen *standzuhalten*. Oder es kann versuchen, das Böse zu *verwandeln*. Es kann versuchen, das Böse an einer bösen Tat zu hindern, oder es kann versuchen, das Böse überhaupt vom Bösen abzubringen und die Liebe zum Guten in ihm zu säen.

In beiden Fällen hat das Mädchen nur die Kräfte, die es hat – zu seinem Grundwesen gehört die völlige physische Schwäche. Es kann dem Bösen nicht durch Stärke entgegentreten.

Es kann das Böse nicht besiegen. Vielmehr weiß es, dass das Böse es jederzeit physisch unterwerfen, ja vernichten könnte. Es kann ihm nur in seiner ganzen Schwachheit begegnen. Aber was liegt darin, was ist damit verbunden? Mit dieser sanften, unschuldigen Schwachheit des Mädchens verbunden ist alles andere: eine Art heiliger Mut, der also stets auch Opfermut ist, Mut der Verzweiflung, aber auch Vertrauen, Hoffnung, Bitte, Flehen, Glaube an das Gute, Liebe, Hingabe, Treue...

All dies könnte man in seiner Differenziertheit einzeln unendlich vertiefen – aber es lebt vereint im Herzen des Mädchens und begegnet in seiner unglaublichen, sanften Einheit dem Bösen...

Man kann sich fragen: Wenn *dies* das Böse nicht stoppen kann, was dann? Dann kann es nur noch rohe Gewalt. Aber die Folge wäre ein endloser Kampf, ohne jede Hoffnung, dass das Böse einmal wieder *gut* werden kann.

Was wir im Wesen des Mädchens, gerade in seiner Begegnung mit dem Bösen erleben, ist das reine, tiefe Mysterium der *Unschuld*. In ihr liegt alles andere in Heiligkeit verborgen. Es ist das Mysterium des Ur-Guten selbst. Wenn die Seele sich einmal in voller Unschuld von dem erschüttern lassen könnte, was das Mädchen offenbart, wenn es dem Bösen begegnet – wirklich in ihrer Tiefe erschüttern lassen könnte –, sie hätte das Tor auch zu ihrer eigenen Unschuld weit aufgestoßen...

Das Mädchen... Es offenbart, was es ist und in aller Tiefe im Herzen trägt: Heiligen Mut, Vertrauen, Hoffnung, Bitte, Flehen, Glaube an das Gute, Liebe, Hingabe, Treue... Und in jeder dieser Offenbarungen lebt auch alles andere, in heiliger Einheit. Man kann versuchen, es einmal wirklich zu empfinden, nacheinander. Alles andere in dem Mut des Mädchens, in dem Vertrauen, und immer weiter bis hin zur Treue... Und man würde auf diesem Wege immer tiefer hineinfinden in das wahre Mysterium der Unschuld.

*

So ist die Unschuld die Quelle von allem – denn in ihr lebt die Fülle des Ur-Guten.

Das Mädchen ist aber deshalb ihre vollkommene Offenbarerin, weil das Ur-Gute überhaupt keine physische Stärke braucht. Es offenbart sich gerade in ihrer völligen Abwesenheit, in einem ‚Trotzdem' Und so ‚trotzt' das Gute sogar dem Stärkeren, weil es sich sogar opfern würde. Das ist das Geheimnis des Lammes...
Der Mensch wird physisch auf Erden wirksam. Aber alles Physische sollte immer nur das Höhere offenbaren – und tut dies auch, in jedem Fall. Wenn aber rohe Gewalt siegt, offenbart sie nichts als ihren Eigenwillen, der zugleich Mangel an Liebe ist, Leere, Finsternis... Die Stärke siegt, indem sie *sich* durchsetzt. Die Sanftheit siegt, in dem sie *verwandelt*. Sie kann sich nur ‚durchsetzen', indem das Rohe sich von ihr durchsetzen, durchdringen lassen *will*.
Das Gute hat nur einen Weg gegenüber dem Bösen: in ihm selbst die Liebe zum Guten (wieder) zu entzünden. Äußerlich machtlos, liegt seine einzige Macht darin, das Böse zu *berühren*. In der Berührung liegt der Keim und Urbeginn der Wandlung, die Berührung *ist* bereits die Wandlung. Und die Finsternis hat das Licht aufgenommen und vermochte nicht mehr, ganz Finsternis zu sein, denn die Liebe zum Guten war nun auch in ihr...

Die Unschuld des Mädchens hat eine einzige, heilige, unermessliche Kraft: Sie berührt ... sie berührt sogar das Böseste ... und erinnert es an seinen einstigen Ursprung, an seine heilige, verlorene Heimat. Und die Liebe, die in des Mädchens Unschuld lebt, offenbart: Es ist nie zu spät.

Das ist die Seele der Zukunft.

Unschuld – ewiger Neu-Anfang, weil die Liebe zum Guten keine Grenze kennt.